소셜 한자 네트워크

소셜 한자 네트워크

1

글 이수석 · 현희문 ▪ 그림 현용안

철학과현실사

여럿이 함께하는 즐거움

　시중에는 참으로 많은 한자 관련 저작물들이 있습니다. 이 책 또한 그런 저작물들 가운데 한 권일 뿐이라는 우려가 있어 집필을 잠시 망설였습니다. 그런 가운데 저희 세 명의 교사들은 오프라인 서점과 온라인 서점을 통해서 한자 관련 저작물들을 두루두루 살펴보았습니다. 그리고 각자의 전공을 살려 출간하기로 힘을 모았습니다. 나아가 학생들과 교육 현장에서 함께 수업하면서 새롭게 깨우치고 느낀 점들을 책에 담아보자는 용기를 내고 다양한 의견들을 나누었습니다.

　그렇게 태어난 이 책은 인천동산고등학교에서 한문과 철학, 미술 교과를 담당하는 교사들이 힘을 합친 공동 결과물입니다. 다르게 생각하기, 각기 잘하는 것을 모아서 새로운 것을 만들기, 연구하면서 배우고 익히기, 끊임없이 배우기, 배우는 것을 즐기기 등의 생각을 가진 교사들이 힘을 모았습니다. 이 책은 가르치는 것과 배우는 것은 서로 성장해간다는 '교학상장(敎學相長)'의 믿음을 갖고 있는 한문의 현희문, 철학의 이수석, 미술의 현용안의 공동 저작물입니다.

  한문 교사 현희문은 한자의 초기 글자인 갑골문과 금문을 통해 연구하여 글을 썼고, 철학 교사 이수석은 그 한자와 관련된 글을 찾아 다듬고 윤문과 교정을 보았습니다. 미술 교사 현용안은 현희문과 이수석의 글을 통해 갑골문과 금문을 그림으로 형상화하였습니다.
  상형문자로서의 한자는 인문학으로서의 동양 사상의 속성과 비슷합니다. 인문학은 모든 학문의 기초 영역을 다룹니다. 인간으로서 어떻게 살아야 할지, 무엇을 위해 살아야 할지, 도대체 인간이란 무엇인지 등의 질문을 던지는 게 인문학입니다. 그 목표를 달성하기 위해 인문학은 분과 학문으로서 문학과 역사학, 철학을 중심으로 종교학, 미학, 고고학, 민속학 따위를 포함합니다. 이런 이유로 인문학은 그 범위와 내용을 자세히 설명하는 게 쉽지 않을 정도로 넓고 깊습니다.

  한자는 눈에 비친 그대로의 모습만을 그리던 원시 미술에서 의미를 전달하는 추상화된 글자로 변하면서 새로운 모습으로 변하였습니다. 간단하게 추상화된 기호로 의미를 표현하기에 많은 사람들이 이해하고 소통할 수 있는 수단으로 널리 쓰였습니다. 그것이 상형문자였던 갑골문이었습니다.
  이 책은 한자를 효율적으로 설명하기 위해 그림으로 갑골문과 금문이 나타내려는 것을 표현하였습니다. 또한 한자의 기원과 의미를 설명하였습니다. 그리고 그 기초 그림과 글자를 통해서 많은 한자를 풀어내면서 설명하였습니다.

현대는 소셜 네트워크(Social Network)로 연결되어 있기에, 우리는 저마다 혼자면서 동시에 다수며 전체이기도 한 존재입니다. 이런 현대 사회 속의 개별적인 인간과 숱한 관계 속의 인간을 한자로 설명하려는 저희의 시도가 '소셜 한자 네트워크' 시리즈입니다.

이 세상 모든 것들은 시간과 공간을 초월하여 연관되어 있습니다. 어제의 지혜를 통해서 오늘의 새로운 지식이 만들어집니다. 이것이 '온고지신(溫故知新)'과 '법고창신(法古創新)'의 의미입니다. 가장 오래된 한자의 모습인 갑골문을 통해서 오늘의 사회와 문화마저도 이해하려고 합니다. 한자는 초기 상형자를 기본으로 하여 많은 한자가 파생되었습니다. 이런 관계의 중요성을 알리고자, '여럿이 함께하는 즐거움'으로 마음가짐을 나타내 보았습니다.

이렇듯 '여럿이 함께하는 즐거움'을 위해 이 책은 탄생하였습니다. 이 책의 출발서부터 머리말을 쓰는 지금까지, 새로운 아이디어와 내용을 조언해준 정보부실의 선대규(정보와 컴퓨터) 선생님, 양태훈(윤리와 사상) 선생님, 그리고 출판계의 어려운 현실에도 불구하고 이번 시리즈 기획을 기꺼이 허락해주신 <철학과현실사> 사장님께 감사드립니다.

교실 현장에서 직접 수업하면서 느끼고 다시금 깨달았던 점을 이번에 글과 그림으로 함께 펼치면서, 언제나 기발한 발상의 전환과 끊임없는 노력을 펼쳐주었던 제자들에게는 감사의 편지를 통해 머리말을 대신합니다.

제자들에게

『논어(論語)』「자한(子罕)」 편에는 '젊은 후배들을 두려워해야 한다'는 뜻의 '후생가외(後生可畏)'라는 말이 나옵니다. 여러분 가운데는 믿고 따를 사람을 본보기로 삼아 학문을 계속할 위대한 학자가 될 사람도 있고, 대한민국의 정치를 발전시키고 남북통일을 위해 노력할 정치가가 될 사람도 있습니다. 또 온 세계인이 추위와 굶주림과 질병으로부터 구원받을 수 있도록 노력하는 위대한 기업가가 될 사람도 있습니다.

사람들은 모두 자신보다 뛰어난 사람을 본보기로 삼아, 그를 본받고 뛰어넘으려고 노력하면서 그 무엇인가가 되려고 합니다. 장래의 여러분은 오늘의 부모님이나 선생님이나 선배보다도 훨씬 훌륭한 사람이 되어야 하고 또 충분히 그럴 수 있으리라 생각합니다.

장강(長江)의 물이 흐르기를 멈춘다면 그 물은 곧 썩고 맙니다. 썩은 물에서는 생명이 살 수 없습니다. 『주역』에는 '석과불식(碩果不食)'이라는 말이 있습니다. 생명을 기르는 농부들이 다음해의 씨앗으로 쓰기 위해 가장 좋은 '씨 과실'을 먹지 않고 남겨둔다는 뜻입니다. 가장 좋은 씨 과실을 남겨두었기에 다음 해 추수할 때는 올해보다 더 좋은 열매를 수확할 수 있었습니다. 여러분이 바로 후생가외를 느끼게 하는 '씨 과실'입니다. 기성 세대보다 뒤에 태어난 여러분은 그 무엇이든 될 수 있기 때문입니다. 여러분의 무한한 가능성과 잠재된 능력이 어디까지일지 알 수 없기에, 여러분을 가르치는 우리는 오히려 여러분 앞에서 겸손함을 배웁니다.

'열정은 고귀한 데에 있지 않다. 그것은 지속성에 있다'는 니체의 말을 실천하는 여러분이 있어, 우리 교사들은 자부심을 느낍니다. 여러분의 무한한 가능성과 열정에 축복을 보냅니다.

2010년 11월 11일

인천동산고등학교 정보부실에서

이수석, 현희문, 현용안

소셜 한자 네트워크
차 례

소셜 네트워킹

한자, 수수께끼를 푸는 그림

이 세상은 비밀로 가득 차 있습니다. 봄, 여름, 가을, 겨울이 어찌하여 순환하는지, 비는 왜 오는지에 대해서 사람들은 알고 싶었습니다. 그리고 깨달은 것을 후세에 전달해주기 위해 사람들은 고민하였습니다. 의사 소통의 처음은 손짓과 발짓 등을 통한 몸짓 언어(body language)였고, 점차 소리와 기호로 표현하기 시작하였습니다.

아울러 약속한 것을 잊지 않도록 그림이나 기타의 방법으로 표시하였습니다. 줄을 묶거나, 돌멩이 숫자의 많고 적음과 크고 작음 등을 통해서 말입니다. 사회가 발전하고 조직화되면서 사람들의 의사 소통 방법도 점차 발달하였습니다. 이는 그림이나 기타 방법들이 약속에 의해 추상화되면서 그림과 상징 부호, 문자로 가능해졌습니다.

세상 사람들은 각자 하고 싶은 것이 있고, 이를 위해 계획하고 실천하며 살고 있습니다. 이는 아이가 무엇인가를 나타내거나 주장하려고 그림을 그리는 것과 같다고도 할 수 있습니다. 아이의 그림을 이해하려면 아이의 입장이 되어 아이가 갖고 싶은 것, 표현하고 싶은 것, 되고 싶은 것을 찾아 읽어내야 합니다. 아이의 눈높이에서 아이의 시선으로 그림을 보고 이해하는 상상력이 있어야 소통이 가능해집니다.

세상 모든 것들은 서로 연결되어 있습니다. 한자도 삶을 표현한 것이기 때문에 글자와 글자가 서로 연관되어 있습니다. 한 글자의 유래와 의미를 알면 그와 관계된 여러 글자는 물론이고 거기에 담긴 문화까지도 알게 됩니다. 문화는 그 시대와 사회를 대표하는 생활입니다. 이 같은 문화는 다양한 상징과 기호를 통해서 드러납니다. 물론 문화를 나타내는 방법은 일정한 틀을 갖고 있으며, 생활 모습을 통해 다양하게 나타납니다.

이 책은 그림으로 시작해서 마침내 문자로 완성된 여러 한자를 다시 그림으로 때로는 그 속에 담긴 문화를 풀어내면서 설명하고 있습니다. 이 책을 통해 한자가 재미있고 익히기 쉬운 문자라는 것도 알게 됩니다. 기초 한자인 그림 한자에서 파생하는 한자를 익히다보면, 그 글자에 숨어 있는 중국인들의 생각, 나아가 인간의 사유 방식마저도 알게 됩니다.

한자는 그림에서 출발했기 때문에 처음 만들어질 때의 모양을 상상해보는 것이 가장 좋은 학습 방법입니다. 하지만 오늘날의 한자는 원래 그림의 흔적이 많이 남아 있지 않습니다. 그래서 이 책에서는 한자의 원형이라 할 수 있는 甲骨文(갑골문)을 통해 그 글자의 의미를 그림으로 그렸습니다. 그 그림 옆에는 갑골문을 달아놓았고 篆書(전서)를 덧붙여놓았습니다.

카오스 이론처럼 한자는 무질서해보이지만 그 속에는 아주

정교한 질서를 가지고 발전해왔습니다. 이러한 질서를 이용해서 일단 기초가 되는 한자를 소개하고 이어 한자가 발전해온 단계대로 설명했기 때문에, 무작정 외우기보다는 그림을 통해 읽으면서 이해할 수 있도록 하여 저절로 기억할 수 있게 했습니다.

한자의 유래에 대해서는 많은 의견이 있습니다. 그러나 많은 학자들은 甲骨文(갑골문) → 金文(금문) → 篆書(전서) → 隸書(예서) → 楷書(해서) → 行書(행서) → 草書(초서)의 순서로 발달했다고 인정합니다. 이를 자세히 보면 한자는 결국 그림에서 출발해서 지금의 형태로 굳어졌다고 할 수 있습니다. 앞서도 설명했듯이, 물론 지금의 한자에서는 옛날의 그림 모습을 찾기 어렵습니다. 하지만 그 글자의 변화 흐름을 살펴 한자를 배우고 익힌다면 남들보다 탁월한 한자 실력을 쌓을 수 있습니다. 그뿐 아니라 창의성과 상상력은 남들보다 훨씬 뛰어나게 향상될 수 있습니다.

이 책에서는 한자를 분해해서 설명하는 것을 원칙으로 하였습니다. 한자는 처음 만들어졌을 때는 무엇인가를 나타내는 그림의 형태였기 때문에 최초의 그림을 찾기 위해 한자를 분해해본 것입니다. 나아가 이 최초의 그림들을 서로 조합해서 새로운 의미를 나타내는 한자를 만들었습니다. 따라서 한 글자 한 글자의 한자를 분해해서 설명하는 것이 가장 좋은 한자 학습 방법입니다.

또한 한자는 중국인들의 삶에서 발전해왔기 때문에 중국 문화 그 자체라고 해도 과언이 아닙니다. 그래서 한자 공부를 통하여 중국인들의 문화와 전통도 함께 이해할 수 있습니다. 이런 과정을 통해 한자 공부를 한다면 아무리 유사한 한자나 어려운 한자라도 혼동하지 않고 쉽게 기억할 수 있습니다.

새를 나타내는 '새 鳥(조)' 자는 아래 일곱 개의 글자 모양으로 변화했습니다. 아래 그림은 한자의 발달 과정을 나타낸 것입니다. 하지만 네 번째 글자인 '隷書(예서)'부터는 비단에다 글씨를 썼기 때문에 글씨가 옆으로 넓어졌습니다.

위의 그림을 보면 첫 번째는 글자가 아니라 오히려 그림처럼 보입니다. 옛날 사람들은 이 그림을 그리기가 어려울뿐더러 똑같이 그릴 수도 없었습니다. 그래서 약속으로 나타낸 글자가 두 번째 그림입니다. 하지만 이것도 글자보다는 여전히 그림에 가깝습니다. 더군다나 그리거나 전달하기에 복잡하고 힘들었습니다. 세 번째 그림으로 오면서 이제 글자 모양이 나타납니다. 글자는 그 누구라도 똑같은 의미로 쓰고 읽고 이해할 수 있어야 합니다. 세 번째 '篆書(전서)'는 그림보다는 글자에 가까운 형태를 지니게 되었습니다. 세 번째 그림을 보고 사람들은 이 글자가 '새'를 나타낸 것이라고 알게 되었습니다. 왜냐하면 사람들은 이 글자를 복잡한 새 그림 대신 '새(鳥)'를 나타낸 것으로 약속하였고, 이 글자 속에는 새의 모양이 조금이라도 남아 있었기 때문입니다.

하지만 이 그림도 문자로서의 가치는 별로 없었습니다. 문자는 누구나 읽고 쓰기가 쉬워야 했는데 여전히 어려웠기 때문이지요. 그리하여 중국인들은 조금 더 쓰기 쉬운 글자를 만들기 시작했습니다. 그것이 네 번째 글자인 '隷書(예서)'입니다. 그리고 다섯 번째 단계인 '楷書(해서)'에서 글자는 완성된 문자의 형태로 자리잡게 되었습니다.

여섯 번째 글자체인 '行書(행서)'와 일곱 번째 글자체인 '草書(초서)'는 글자를 더욱 멋있고 빠르게 쓰고자 나타난 결과입니다. 이 글자들은 배운 사람들, 곧 귀족들이 많이 사용하였습니다. 귀족들은 일반 백성의 문자와 차이가 있어야 한다고 생각했습니다. 그래서 그들은 일반 백성들 누구나 쓸 수 있는 예서나 해서는 쓰지 않고 행서나 초서를 써서 자신들만의 신분과 세계를 구별하려 하였습니다.

갑골문은 거북의 배 껍질이나 짐승의 뼈에 새겼던 중국 은나라 때의 상형문자로, 현재 남아 있는 가장 오래된 중국 문자입니다.

金文(금문)이라고도 하는 金石文(금석문)은 주나라 때 돌이나 비석, 그릇, 종 등에 새긴 글자입니다. 그리고 전서는 중국 주나라 때 太史(태사) 籒(주)가 갑골과 금석문 등의 옛날 글자인 古體(고체)를 정비해서 大篆(대전)이란 글씨체를 만들었습니다. 그 뒤 秦(진)나라 李斯(이사)는 대전을 간략하게 한 문자를 만들었는데 이를 小篆(소전)이라고 합니다.

'文(문)'은 고대 중국인들이 처음 한자를 만들 때의 초기 원시적인 글자입니다. 아주 단순하게 보이는 모양을 그대로 그려 냈습니다. 이 글자들끼리 서로 조합하거나 부호를 첨가해서 새로운 글자를 만들어냈는데 이것이 '字(자)'입니다.

文(문)은 그림이기 때문에 한자의 의미를 결정하는 중요한 구실을 합니다. 이 책에서는 이 文(문)이 되는 부분을 통해서 字(자)의 의미를 상상해나가는 방식으로 설명 하였습니다. 한자는 글자 수가 많기 때문에 무조건 암기하는 방식으로는 학습하기가 매우 어렵고 시간도 많이 듭니다. 하지만 한자의 발생 기원이 되는 文(문)을 잘 이해하면, 거기에서 발생한 한자인 字(자)를 암기하고 이해하기가 훨씬 쉬워집니다. 이는 부모를 보면 자식들의 얼굴 모양이나 성격을 유추해낼 수 있듯이, 한자의 부모가 되는 글자가 文(문)이기 때문에 그렇습니다.

특히 甲骨字(갑골자)라 하지 않고 甲骨文(갑골문)이라 한 것은 바로 갑골문이 한자의 시조 역할을 하기 때문입니다. 이런 갑골문들이 서로 조합해서 오늘날 한자에까지 이른 것이므로, 우리는 다시 이것들을 해체해서 생각해봐야 합니다. 마치 부모를 잘 모를 때 유전자인 DNA를 검사하듯이, 지금의 한자

17

를 나눌 수 있을 때까지 분해해서 해석해봐야 합니다.

《소셜 한자 네트워크》 시리즈는 이런 원리를 적용하여 한자를 설명하고 있습니다. 한자는 처음 기본이 된 글자들을 만들고 그 뒤에 이런 글자들을 이용해 서로 조합시켜가며 발전해왔습니다. 따라서 한자를 최대한 분해해서, 다시 거꾸로 거슬러 오르며 접근하는 방법으로 한자를 익히도록 하는 데 역점을 두었습니다.

'코끼리 象(상)' 자나 '눈 目(목)' 자를 통해 이런 과정을 구체적으로 살펴보면 더욱 분명해집니다.

코끼리 象(상) 자의 변화된 그림을 보니, '한자는 그림'이라는 말을 실감하시나요? 그런데 두 번째 글자인 전서가 세로로 길게 그려졌지요? 그 까닭은 대나무로 만든 책인 '竹簡(죽간)'이 좁기 때문에, 가로로는 글과 그림을 넓게 그릴 수 없었습니다. 그래서 죽간에 글을 쓰면서 세로로 가늘게 세웠습니다.

사람의 눈 모양을 그린 '눈 目(목) 자' 역시 가로로 된 그림을 죽간에 옮기면서 세로로 길쭉하게 썼습니다.

한자가 만들어진 과정을 돌아보며 공부하니까 쉽고 재미있지요? 이 책에서는 이 같은 방법으로 일상 생활에서 사용하는 한

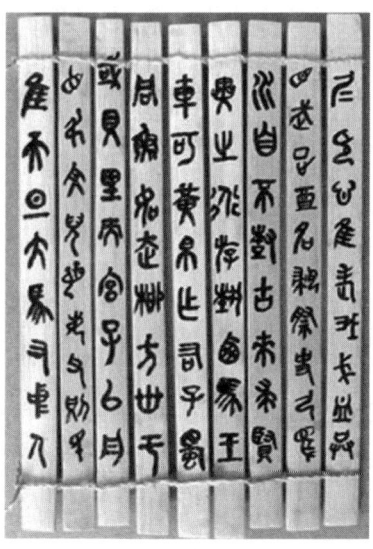

종이가 없던 시절에
대나무를 쪼갠 뒤 엮어서
종이 대신 썼던 죽간(竹簡)

자와 그 뜻을 살펴봅니다. 또한 실제 생활에서 사용하는 한자로
확대하여 해석하고 이해하도록 하였습니다.

　참고로, 다음의 기호들이 무엇을 상징하는지 생각해보세요.
※는 중요하다는 표시이고 약속이지요. 또 여러분이 주변에
서 흔히 볼 수 있는 당구장을 나타내는 기호이기도 합니다. 여
러분이 잘 아는 사칙연산은 +(더하기), -(빼기), ×(곱하기),
÷(나누기)로 나타냅니다. 그런가 하면 날씨를 나타낼 때는 ☼
(맑음), ∽(흐림), ☂(비), ☃(눈) 따위의 기호로 표시합니다. 그

19

밖에도 밤하늘에 별이 반짝이는 모습은 ☆으로, 교회는 ✝로, 절은 卍 모양으로, 남녀는 ♂♀으로, 세상을 움직이는 음양은 태극 모양인 ☯으로 각각 표시합니다. 이 기호들은 아주 단순화되어 있지만, 세상 모든 사람들이 이해할 수 있는 약속으로 굳어졌습니다. 이처럼 자연의 대상물이나 인간의 생각을 단순화시켜 나타낸 것이 상징 부호이고 기호입니다.

한자 역시 세상의 자연물과 인간의 의식을 문자로 표현해서 뜻을 전하게 되었습니다. 중국에는 56개의 민족이 있다고 합니다. 그 민족들이 곳곳에 분산되어 살고 있지만, 漢(한)민족으로 통합되어 소통하며 살 수 있었던 것도 약속된 뜻글자인 한자 덕분에 가능할 수 있었습니다.

소리글자인 한글과 영어만 하더라도 지역과 민족에 따라 그 소리가 조금씩 달라서 이해하기 어렵습니다. 그런데 한자는 뜻글자여서 말이 안 통한다 하더라도 필담으로 글자를 통해 정확한 의미를 전달할 수 있습니다.

이제, 어린아이의 그림 같았던 한자를 통해서 여러분과 함께 무한한 상상력을 펼치면서 소셜 네트워킹이지 소통의 그림지도인 한자 여행을 떠나볼까요.

소셜 한자 네트워크

01
옆에서 본 사람

　'사람'을 나타내는 지구상의 모든 글자 중에서 한자만큼 단 두 선을 이용해서 표현한 글자는 없습니다. 초기에 사람을 나타내는 글자는 팔과 어깨선만 그려서 '사람 人(인)'을 만들었습니다. 이 사람 人(인) 자는 다른 글자와 조합할 때 대부분 옆에 놓이며, 글자 모양이 'イ'으로 변합니다. 또한 그 글자의 뜻 부분을 담당해서 일반적인 사람이나 사람의 동작과 관련된 의미를 나타냅니다.

　여기에 의미가 더 넓어져서 일부 사람이나 전문가 집단을 匠人(장인)이라 합니다. 또한 시를 쓰는 사람을 일러 詩人(시인)이라 하며, 한 분야에서 전문적인 식견과 능력을 지닌 사람을 名人(명인)이라 합니다.

　이처럼 사람은 '관계' 속에 있습니다. 그래서 독일의 철학자 피히테는 인간은 인간 사이에서만 인간이라는 표현을 하였습니다. 아버지가 있으면 아들이 있고 남자가 있으면 여자가 있

습니다. 스승이 있으면 제자가 있고 선배가 있으면 후배가 있습니다. 일찍이 이런 점을 간파한 고대 그리스의 철학자 아리스토텔레스는 인간을 사회적 동물, 정치적 동물이라 말했습니다. 이처럼 사람은 혼자 살아갈 수 없는 존재입니다. 그래서 한자에서 사람을 나타낼 때는 사이 間(간) 자를 함께 사용해서 人間(인간)이라고 나타냈습니다.

　인간은 살아가기 위해서 일을 합니다. 그리고 다음을 모색하면서 쉬기도 합니다. 일을 하는 것을 노동(勞動)이라 하고

쉬는 것을 休息(휴식)이라고 합니다. 일을 할 때는 필요한 것을 효율적으로 행해야 합니다. 또한 쉴 때는 편하게 쉬어 다음의 일을 위해 에너지를 충전해야 합니다.

'쉴 休(휴)'는 사람 人(인)과 나무 木(목)의 조합으로, 나무 밑에서 쉬고 있는 사람을 그렸습니다. 옛날에는 대부분 농업에 주로 종사했기 때문에 일하다가 나무 그늘 아래서 휴식을 취한 모습으로 표현했습니다.

이 쉴 休(휴)와 새 鳥(조)가 조합되어 '수리부엉이 鵂(휴)'를 만들었습니다. 야행성인 수리부엉이는 낮에는 늘 움직이지 않고 휴식하는 새로 보아 한자에 그대로 반영했습니다. 자연은 인간에게 무엇이든지 알려주는 스승입니다. 중국인들은 수리부엉이의 습관을 관찰하여 그 특성을 그대로 글자에 나타내었습니다.

'어질 仁(인)' 자는 두 사람을 나타내기 위해서 '사람 亻(인)' 자와 '두 二(이)' 자를 조합하였습니다. 이 글자의 의미는 사람과 사람 사이에는 서로 배려하는 仁(인)이 필요함을 나타냈습니다. 여기서 '어질다'는 의미가 나왔습니다.

공자는 정치 윤리의 핵심 덕목으로 '인(仁)'을 기본으로 삼았습니다. 이 인(仁)의 의미를 공자는 여러 갈래로 설명했습니다. 단적으로 인은 남을 사랑하는 愛人(애인)이라 할 수 있습니다. 어질다는 의미에서 상대방을 높여 부를 때 '仁兄(인형)'이라 부릅니다.

사람이 모이면 사람과 사람은 관계를 맺게 되며, 서로가 서

로를 소개(紹介)하면서 사람들의 관계가 넓어지고 깊어집니다. '끼일 介(개)' 자의 갑골문 그림을 보십시오. 사람을 측면에서 그린 人(인) 자의 앞과 뒤에 점을 더했습니다. 갑옷의 그림을 보면, 갑옷은 조각조각을 붙여서 만들었습니다. 그 조각들을 추상화한 것이 점입니다.

그런 모양을 상형화한 글자가 현대 한자로 오면서 사람 人 (인)이 위쪽으로 올라가서 '끼일 介(개)' 자의 모양으로 변했습니다. 그림에서 보듯, 본래 이 글자는 사람이 호신용 갑옷을 입은 모습을 나타냈습니다. 갑옷 사이에 몸이 있는 것에서 '끼이다'는 의미가 나왔습니다.

갑옷의 단단함에서 '단단한 껍질'을 의미하기도 하였으며, '물건을 세는 단위'로도 사용하였습니다. 고대 갑옷은 그림에서 보듯이 조각조각을 이어서 만들었기 때문에 점으로 표시했습니다. 두 사람 사이에서 서로를 알게 해주는 것을 紹介(소개)라 하고, 介入(개입)은 일 사이에 끼어든다는 의미며, 媒介 (매개)는 사람 사이에 관계를 맺어준다는 의미입니다. 또 사람과 사람 사이에서 거래를 성사시켜주는 사람을 仲介人(중개인)이라 합니다.

'경계 界(계)' 자는 위쪽에 밭 田(전)과 갑옷을 입고 서 있는 사람 모양인 介(개)의 조합입니다. 갑옷을 입고 자기 영토를 지키는 데서 '경계', '한계', '둘레'라는 의미가 나왔습니다. 이는 밭과 밭 사이의 '경계'를 나타내기 위해 만들어진 한자입니다.

땅의 경계를 限界(한계)라 하고, 지구상의 모든 나라를 世界(세계)라 하며, 우리가 살고 있는 이 세계와 다른 그 외의 곳을 他界(타계)라 합니다. 그래서 사람이 살지 않는 다른 세상으로 가는 것을 '他界(타계)했다'고 말합니다.

'보호할 保(보)' 자의 갑골문은 사람 亻(인)과 아이의 모습을 본뜬 아들 子(자)의 조합입니다. 어른이 아이를 안고 보호하는 모양에서 그 의미가 나왔습니다. 부모가 아이를 업어서 보호하는 것처럼 안전한 것은 없습니다.

아이를 돌보고 기르는 것을 '保育(보육)'이라고 합니다. 하지만 아이는 지속적으로 보호가 필요하기 때문에 '지속'의 의미가 포함되었습니다. 그리하여 保溫(보온)이란 따뜻함을 지속시키는 것이고, 保全(보전)은 온전하게 보호하여 지속시키는 것이며, 保管(보관)은 지속적으로 물건을 관리하는 것입니다. 堡(보)는 '흙 土(토)' 자와 '보호할 保(보)' 자의 조합으로, 城(성)보다 작은 규모의 방어물을 나타내는 데 사용합니다. 어린아이를 보호하는 保(보)를 사용해서 작은 방어의 의미를 나타내는 데 사용하였습니다.

'엎드릴 伏(복)' 자는 사람과 개 犬(견)의 조합입니다. 사람과 개가 함께 엎드려서 사냥감을 노리고 있는 형태를 나타냈습니다. 사냥의 목표인 짐승에게 들키지 않으려고 납작 엎드린

데서 의미가 나왔습니다.

　전쟁에서 적을 치기 위해 엎드려 있는 병사를 伏兵(복병)이라 합니다. 伏地不動(복지부동)이란 땅에 엎드려 움직이지 않는다는 뜻으로, 그 숨겨진 의미는 주어진 일이나 업무를 처리하는 데 몸을 사려 행동하지 않음을 비유적으로 표현한 말입니다. 나아가 '엎드리다'에서 '복종하다'의 의미로 확장되었습니다. 그냥 일상적으로 개가 사람에게 복종한다는 식의 암기식 공부도 좋지만, 정확한 어원을 안다면 오히려 기억하기가 쉽습니다.

犬(견)은 개 모양을 본뜬 글자입니다. 개는 성격이 사납기 때문에 다른 글자와 조합해서 '개', '사납다', '혼자' 등의 의미를 나타냅니다.

소셜 네트워킹[01]
사람의 조건

　우리 옛말에 '사람이면 다 사람이냐, 사람이 사람다워야 사람이지'라는 말이 있습니다. 과연 이 말의 뜻은 무엇일까요. 여러분 중에 사람다운 사람은 얼마나 될까요.

　'사람'은 순 우리말입니다. '살다'는 동사에서 '살림'과 '삶'이란 명사가 나왔는데, 여기서 나온 말이 '사람'이라고 합니다. 결국 사람은 '살다'란 동사에서 나왔다고 할 수 있습니다. 그런데 여기서 '사람'을 조금 다르게 해석해보려 합니다. 사람은 네 군데(前後上下)를 볼 수 있어야 한다는 뜻에서 '사람(四覽)'으로 풀어보려고 합니다. 아, 물론 이것은 언어의 유희입니다.

　사람이라면, 먼저 앞을 보아서는 무엇을 하며 어떻게 살아야 할지에 대한 꿈(vision)이 있어야 합니다.

이성계와 무학 대사에 얽힌 일화는 참으로 많습니다. 그 가운데 하나가 이성계가 자신의 꿈 풀이를 무학에게 부탁한 이야기입니다.

"꿈에 불이 훨훨 타고 있는 집에서 서까래 세 개를 짊어지고 나오는데, 바로 눈앞에서 숫양이 싸우다가 두 개의 뿔이 일시에 부러져 나가는 것을 보았습니다. 서까래를 짊어지고 정신없이 나오다 양의 꼬리를 밟았는데, 이상하게도 꼬리가 쑥 빠져버렸습니다."

이성계의 꿈을 신중히 듣고 있던 무학 대사는 느닷없이 자리에서 일어나 관세음보살, 관세음보살 하더니 합장하며 이성계에게 황제의 예를 올렸습니다. 큰일 날 일이었습니다. 왜냐하면 그때는 고려 시대였으니까요. 당황한 이성계에게 무학은 말합니다.

"새로운 왕조를 여는 임금이 되실 것입니다. 집이 불에 타는 형상은 앞으로의 병화(兵火)를 말합니다. 서까래 세 개를 짊어지고 나온 것은 석 삼(三) 자이나, 등에 짊어지고 나왔으니 주인이나 임금 주(主) 자가 됩니다. 필시 임금이 아니고 무엇이겠습니까. 또한 양(羊)을 보았으되 두 개의 뿔과 꼬리가 빠졌다 하시니, 임금 '왕(王)' 자가 아니고 무엇이겠습니까."

이에 이성계는 새로운 왕조를 세우겠다는 꿈을 세우기 시작하였습니다. 전장에서 승리한 장수에게는 그에 합당한 격려와 칭찬을 해 주었고, 패배한 장수에게는 위로와 용기를 주었습니다. 이렇게 임금의 마음으로 사람들을 대하기 시작하니 사람들이 그에게 몰려오기 시작했습니다.

☑ 배운 한자 톺아보기▼

人	옆에서 본 사람			
	休	仁	介	界	保
	伏				

▼ '톺아보다'는 '샅샅이 뒤지면서 찾아보다'라는 뜻의 순우리말입니다.

02
정면 모습에서 변한 사람들

'큰 大(대)' 자는 양팔을 벌리고 서 있는 사람을 정면에서 그린 것입니다. 단독으로 쓸 때는 '크다'는 뜻이지만, 다른 글자나 부호와 조합할 때는 '사람'을 뜻합니다. 하지만 모든 한자는 처음 만들어진 의미를 가지고 다른 글자와 조합됩니다.

이미 알고 있는 한자를 그림을 통해 다시 학습하는 이유는 한자의 특성상 처음 만들어진 의미가 다른 글자와 조합할 때도 그 의미를 지속적으로 유지하기 때문입니다. 곧 한자의 기본이 되는 글자는 우리 인간의 유전자인 DNA와 같은 역할을 합니다. 아이가 자신의 부모를 닮는 것처럼 말입니다.

양팔을 벌리고 서 있는 모양에서 '자랑하다', '교만하다'의 의미로 넓어졌습니다. 大綱(대강)은 기본적이고 중심이 되는 일의 내용을 의미하고, 肥大(비대)는 살찌고 몸집이 큰 모양을 말합니다.

옆면 아래 글자는 사람을 나타내는 大(대)를 뒤집어놓은 모양입니다. 이 글자와 조합하면 '맞닥뜨리다', '역행하다'의 뜻을 나타냅니다.

'거스를 逆(역)' 자는 걸어간다는 의미의 辶(착)과 대(大)를 거꾸로 그린 글자의 조합입니다. 나의 집 쪽으로 사람이 오는 모양으로, 본래는 '맞이하다'는 의미입니다. 그래서 예전엔 여관을 나그네를 맞이하는 곳이라는 의미로 '逆旅(역려)'라 했습니다. 逆旅(역려)의 旅(려)는 나그네를 나타내기도 하고 많은 무리를 의미하기도 합니다. 그래서 여행은 혼자 가기도 하지만 주로 많은 사람이 무리지어 갑니다.

시간이 지나면서 서로 '맞닥뜨리다'에서 영접하다는 의미 이외에도 '거스르다', '상반되다', '반역하다', '배반하다'의 의미까지 포함되었습니다. 가는 방향으로 마주 불어오는 바람을 逆風(역풍)이라 하고, 거꾸로 나아가는 것을 逆行(역행)이라 합니다. 또 나라와 겨레의 이익에 등을 돌리는 것을 背反(배반)이라 하고, 통치자에게서 나라를 다스리는 권한을 빼앗으려는 것을 反逆(반역)이라 합니다.

 辶(착)은 갑골문에서는 발모양 하나를 그린 것인데, 후에 사거리 모양을 더해서 '간다'는 의미를 더욱 강조했습니다. 이 글자는 다른 글자와 조합해서 '걸어가는 동작'의 의미를 나타냅니다.

'초하루 朔(삭)' 자는 달 월(月)과 '맞이하다'는 의미가 조합된 것입니다. 달이 태양과 지구 사이에 이르러 동시에 만나 떠오르는 모양을 나타냈습니다. 이는 달이 태양을 맞이해서 볼 수 없는 날인 음력 '초하루'를 나타낸 글자입니다. 이로 인해서 月朔(월삭)일 때는 달빛을 볼 수 없습니다. 왜냐하면 행성의 위치가 태양-달-지구의 순서로 배열하기에 달을 볼 수 없습니다. 사람이 서로 만나는 것처럼 해와 달이 마주보는 모양을 나타냈습니다.

달이 한 달 중에 차고 기우는 변화는 음력 초하루와 보름이 가장 두드러집니다. 이런 현상에서 중국인들은 변증법적 사고를 갖게 되었습니다. 辨證法(변증법)이란 단적으로 말해, 그 끝에 이르면 다시 돌아온다는 법칙입니다. 달이 차면 기울고, 태어나면 늙고 병들어 죽으면서 다시 2세를 통해 인간이란 종을

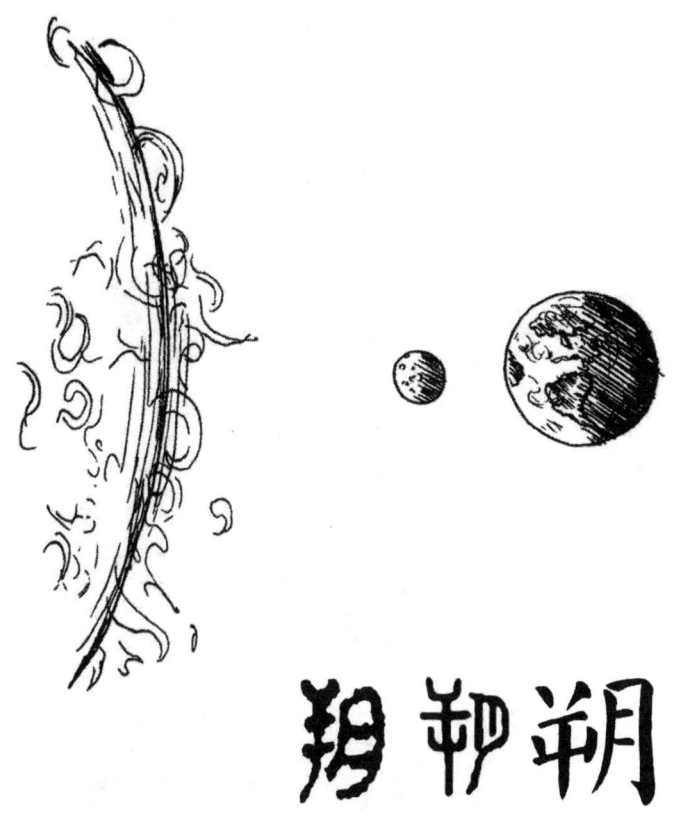

유지하는 거지요. 이런 사실을 중국인들은 사물이 정점에 이르
면 반드시 반대로 돌아오는 사실을 통해 알게 되었습니다. 그
래서 가장 아름다운 건 오래가지 못하고, 가장 여린 것이 나중
에는 가장 힘센 것으로 자란다는 걸 알았습니다.

　朔(삭)은 달빛이 보이지 않기 때문에 죽음을 의미합니다. 만
물은 북쪽에서 다하고 소생하여 되살아나는 것이라고 여겨 朔
(삭)은 '북쪽'을 지칭하게 되었습니다. 그래서 朔風(삭풍)은 겨
울철에 북쪽에서 불어오는 차가운 바람을 의미합니다.

　‘지아비 夫(부)’ 자는 사람을 그린 大(대) 자와 비녀를 조합
시켰습니다. 고대엔 어린 사람이나 젊은 사람은 머리를 풀어헤
치고, 혼인한 성인은 머리를 묶는 풍습이 있었습니다. 머리를
묶어 고정시키려면 비녀가 필요했습니다. 성인이 머리에 비녀
를 꽂은 모양을 그린 夫(부)는 혼인한 남편을 나타냈습니다.
　혼인을 하려면 성숙해야 하기 때문에 ‘사나이’란 의미가 더
해져 건강하고 씩씩한 사나이를 大丈夫(대장부)라고 하고, 혼
인한 남편과 아내를 夫婦(부부)라고 합니다.

'도울 扶(부)' 자는 성장한 사람과 손을 나타내는 扌(수)의 조합입니다. 건강한 사람이 약한 사람을 손으로 도와주는 것에서 '부축하다', '도와주다', '잡고 있다'의 의미가 나왔습니다.

혼자 살아갈 힘이 없는 사람의 생활을 돌봐주는 것을 扶養(부양)이라 하고, 서로 어려울 때 도움을 주고받는 것을 相扶相助(상부상조)라 합니다.

 扌(수)는 손 모양의 생략형으로, 다른 글자와 조합할 때는 보통 왼쪽에 놓여 손동작과 관련된 의미를 갖습니다.

　'교체할 替(체)' 자의 갑골문은 두 사람이 높낮이가 다른 위치에 서 있는 모습을 나타냈습니다. 후에 日(일) 자가 밑에 추가되어 시간의 흐름을 나타냈으며, 위쪽 모양이 비녀 꽂은 남자로 변했습니다.

　성장한 사람이 주어진 시간에 일을 하고, 나머지 일은 다른 사람에게 인계하는 것을 의미합니다. 그림처럼 병사들이 초소에서 근무를 서다 정해진 근무 시간이 지나 졸리고 피곤해지면 일을 효율성과 사람의 피로감을 고려해서 다음 병사와 교대해야 합니다. 이를 나타낸 글자가 '교체할 替(체)' 자입니다.

　또한 일의 피로감 때문에 '대신하다', '쇠퇴하다'의 의미까지 확장되었습니다. 世代交替(세대교체)란 한 세대가 시간이 흘러 쇠퇴해져 다음 세대로 넘어가는 것을 말합니다. 바로 替(체)에는 이렇게 '대신하다', '쇠퇴하다'는 의미도 있습니다.

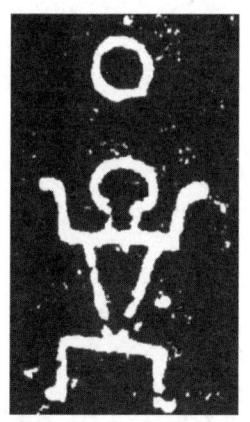

위의 그림은 주나라 시대의 靑銅器(청동기) 문양으로, 태양과 사람을 그린 것입니다. '하늘 天(천)' 자는 위쪽에는 태양을 그리고 아래쪽에는 정면을 향한 사람을 그린 그림에서 나왔습니다. 사람 머리 위에 태양이 떠 있는 '하늘'을 나타냈습니다. 나중에 둥근 모양이 '한 一(일)' 자 형태로 단순화되었습니다. 하늘 천(天) 자처럼, 한자와 한자가 조합할 때 둥글거나 네모난 형태가 한 일(一) 자 모양으로 변하는 경우가 종종 있습니다. 하늘이 내린 성품, 곧 타고난 성질을 大性(천성)이라 하고, 天高馬肥(천고마비)는 하늘은 높고 말이 살찐다는 의미로 만물이 풍요로운 가을을 나타냅니다.

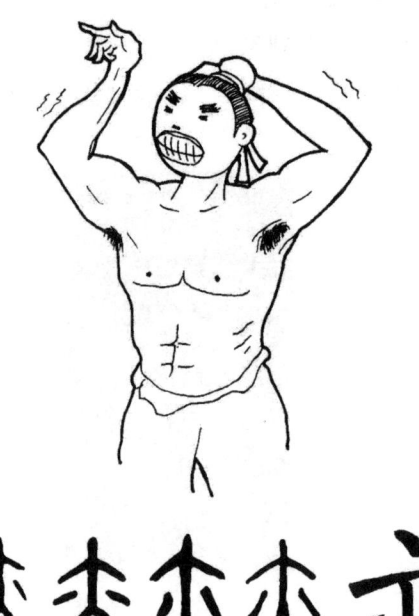

　'또 亦(역)' 자는 사람을 나타내는 大(대) 자에 위치를 나타
내는 두 점을 찍었습니다. 본래는 '겨드랑이'를 나타낸 글자였
으나 '또', '역시'라는 뜻으로 변했습니다. 대부분 사물을 그려
서 표현하는 한자는 움직임을 나타내는 글자와 그 글자의 의
미를 한정하여 나타내는 부사어를 표현하기가 가장 힘들었습
니다. '또한', '역시', '매우', '가장', '과연', '그리고'를 한자로는
어떻게 표현했을까요. 이 책을 읽어나가면 여러분 스스로가 찾
을 수 있습니다. 작가적 상상력, 문학적 상상력, 역사적 상상력
을 발휘해보십시오. 삶이 재미있고 때로는 새로운 생각이 여러
분의 머릿속에 떠오를 것입니다.

　겨드랑이는 양쪽에 있기 때문에 '또'라는 의미를 빌려 사용

하게 되었습니다. 밤 夜(야) 자와 인체 의미인 月(월) 자의 조합으로, 인체에서 어두운 부분이라는 의미의 '겨드랑이 腋(액)' 자를 새로 만들어 사용했습니다.

'젊을 夭(요)' 자는 사람의 정면 모습인 대(大)의 위쪽에다 사선을 더했습니다. 초기 갑골문은 팔을 흔드는 사람 모양을 그려 본래 '활기차다', '번성하다'의 의미를 나타냈습니다. 시간이 지나면서 고개를 숙인 사람 모습으로 변했습니다. 한창 나이에 삶을 다 살지 못하고 죽는 것을 夭折(요절)이라고 합니다. 折(절)은 '꺾이다'는 뜻이며, 여기서는 '일찍 죽다'의 의미가 포함되었습니다.

한자에서 위쪽의 사선을 표시한 것은 고개 숙인 형태를 나타낼 때 사용합니다. 나무 木(목) 자에 사선을 더하여 태어난 고개 숙인 벼 禾(화) 자에서 그런 근거를 찾을 수 있습니다.

'아리따울 妖(요)' 자는 계집 女(여) 자와 활기찰 夭(요) 자의 조합입니다. 전서를 보면, 女(여) 위쪽에 풀을 나타내는 ++(초)를 더해서 머리를 풀어헤치고 여기저기 다니는 여인을 그렸습니다. 여기서 '도깨비', '괴이하다'의 의미가 나왔으며, 요사스럽고 괴상한 것을 妖怪(요괴)라 합니다. 활기찬 의상에 활동적인 여인을 妖艶(요염)하다고 여긴 데서 '아리땁다'는 의미가 포함되었습니다. 행실이 바르지 못한 요사스러운 여인을 妖婦(요부)라 합니다.

'기름질 沃(옥)' 자는 활발한 모양의 夭(요)에 물 水(수)를 더했습니다. 농작물이 힘차게 자라기 위해서는 물이 풍족해야 합니다. 여기서 '물을 대다'가 본래의 의미였으나, 때에 맞추어서 물을 공급해주면 곡식이 잘 자라기 때문에 '기름지다', '비옥하다'로 의미가 넓어졌습니다. 중국 문명이 역동적으로 움직이는 황하를 중심으로 발생한 이유를 알 수 있게 해주는 글자입니다. 황하의 범람으로 땅이 肥沃(비옥)해져 곡식이 잘 자라는 땅을 沃土(옥토)라 합니다.

妖

沃

   '웃을 笑(소)' 자는 활발한 사람 모양인 夭(요)에 대나무 竹 (죽)을 위쪽에 더했습니다. 중국은 대나무가 많은 나라입니다. 대나무가 바람이 불면 휘면서 소리를 내는데, 사람이 기쁠 때 내는 소리와 같다고 인식했습니다. 여기서 힘차게 '웃는다'는 의미가 나왔습니다.

   또한 笑(소)의 형태를 보면 위쪽의 대나무는 웃는 사람의 눈 모양과 흡사합니다. 웃으면서 이야기하는 것을 談笑(담소), 작 게 살짝 웃는 것을 微笑(미소)라 합니다.

'나라 吳(오)' 자의 갑골문을 보면 夭(요)와 유사한 사람과 입 口(구) 자 형태의 조합입니다. 본래 사람이 도자기를 들고 가는 모양으로, 도자기 만드는 것을 형상화했습니다.

고대 중국에는 지금의 상하이 부근에 도자기를 잘 만드는 사람들이 살고 있었습니다. 그래서 이곳을 吳(오)라고 불렀고, 이곳에 사는 사람들이 자신들의 姓氏(성씨)로 吳(오)를 사용하게 되었습니다. 직업을 姓氏(성씨)나 나라 이름으로 사용한 경우는 동서양에 많이 있습니다. 吳(오)씨의 선조들은 도자기 굽는 직업을 가진 사람들이었습니다.

한편으로 夭(요)의 비슷한 형태이기에 여기에 입 口(구)를 더해 입과 팔의 행동을 강조한 것으로도 볼 수 있습니다. 그래서 '춤추다', '큰소리 지르다', '노래하다'의 의미를 나타내게 되었습니다. 오락과 연관성이 많은 글자입니다. 이처럼 같은 모양의 글씨가 여러 의미로 사용되는 경우가 한자에서는 빈번합니다.

'즐거워할 娛(오)' 자는 女(여)와 吳(오)의 조합으로 큰소리로 노래하면서 즐거워하는 여인의 모양을 나타냈습니다. 여기서 즐겁다는 의미가 '장난치다', '즐기다'의 의미로 넓어졌습니다. 즐겁게 노는 것을 娛樂(오락)이라 합니다.

'잘못될 誤(오)' 자는 말씀 言(언)과 큰소리치는 모양의 조합으로, 말하는 동작을 강조하기 위해 言(언)을 더했습니다. 말소리가 점점 커지면 일이 순조롭게 풀리지 않는 생활의 경험에서 의미가 나왔습니다. 이치에 맞지 않는 일을 誤謬(오류)라고 합니다.

오류와 거짓말은 둘 다 틀린 판단임을 나타냅니다. 하지만 오류는 자신이 스스로 옳다고 믿는 데서 비롯한 정직한 틀린 판단임에 비해, 거짓말은 상대방을 속이기 위한 부정직한 틀린 판단을 말합니다. 『이솝우화』에서 양치기 소년이 심심해서 사람들을 속이기 위해 늑대가 나타났다고 한 것은 거짓말이고, 양치기 소년의 말을 참말로 믿고 곡괭이와 몽둥이를 들고 산 위로 올라오는 사람들은 오류를 범했다고 합니다.

娱

误

'가운데 央(앙)' 자는 사람의 정면 모습인 大(대)와 멜대 양쪽에 물건을 걸고 있는 모양의 조합입니다. 사람이 멜대를 이용해서 물건을 짊어질 때 멜대 가운데에 위치해야 힘들지 않고 옮길 수 있습니다. 여기서 멜대 가운데를 가리키는 '중앙'이라는 의미가 나왔습니다. 멜대를 이용해서 물건을 운반할 때 힘이 중심에 집결되므로 여기서 '중요한 역할', '힘이 모이는 중심'이라는 의미가 나왔습니다. 한 나라의 권력이 집중되는 곳을 中央政府(중앙정부)라 합니다.

　‘재앙 殃(앙)’ 자는 앙상한 뼈 알(歹)과 짐을 지고 가는 사람
인 央(앙)의 조합입니다. 곧 뼈를 짊어지고 가는 사람에서 의
미가 나왔습니다. 한 사람의 죽음보다는 천재지변으로 많은 사
람이 죽는 것을 災殃(재앙)이라 합니다.

歹(알)은 갑골문에서 보듯이 사람의 골격 일부를 표시했
습니다. 대부분 다른 글자와 조합해서 사용하며 ‘죽은 사
람’, ‘나쁘다’의 의미를 나타냅니다.

　'꽃부리 英(영)' 자는 풀을 나타내는 ++(초)와 央(앙)의 조합입니다. 꽃과 풀의 힘이 가운데로 집중된다는 것에서 의미가 나왔습니다. 꽃은 열매를 맺고, 그 열매가 다시 생명을 탄생시키기 때문에 神(신)의 의미를 내포하고 있습니다. 재능이 뛰어나서 세상을 구할 수 있는 사람을 英雄(영웅)이라 하는데, 이 영웅이라는 단어 자체에도 神(신)의 의미가 반영되었습니다.

　'비출 映(영)' 자는 태양을 그린 일(日)과 힘이 모이는 중심의 의미인 央(앙)의 조합입니다. 태양의 힘이 모이는 중심에서 의미가 나왔으며, 빛을 비추어 물체 모양을 나타낸 것을 映像(영상)이라 합니다. 映畫(영화)도 빛을 중심에 비추어서 그림을 본다는 의미에서 나온 한자어입니다.

吳越同舟(오월동주)

서로 피할 수 없는 상황에서 만나는 것을 '원수는 외나무다리에서 만난다'고 합니다. 서로 원수지간인 오나라와 월나라가 같은 배를 탔다는 의미의 吳越同舟(오월동주)는 사마천의 『사기』에 나오는 故事成語(고사성어)입니다. 원수지간인 두 나라 군사가 같은 배를 탔다면, 어찌해야 할까요? 그 두 나라 군사는 비록 원수지간이라 할지라도 위급한 상황을 극복하기 위해서는 잠시 힘을 합쳐서 위기를 극복해야 합니다. 평상시의 怏心(앙심)만 새기고 싸우기만 한다면 배는 뒤집어지고 말 것입니다. 그러면 모두가 패배자가 되어 물에 빠져 죽고 맙니다. 그러나 怏心(앙심)을 잊고 合心團結(합심단결)한다면, 이들 모두는 안전하게 목적지에 도착할 수 있습니다.

『이솝우화』에도 외나무다리에서 만난 양들의 이야기가 나옵니다. 그 양들은 자신이 잘났다거나 먼저 다리를 건너가겠다고 해서 다투지 않습니다. 한 양이 먼저 몸을 굽히면 나머지 양이 그 몸을 밟고 넘어갑니다. 그리고 나머지 양도 유유히 자신이 갈 길을 갑니다. 어려움에 처하면 서로 힘을 合致(합치)는 것이 重要(중요)합니다.

오월동주는 단순히 원수끼리 같은 배를 탔다는 의미만 있는 것이 아니라, 공동의 위기 상황에 접했을 때는 그 위기 상황을 극복하기 위해 잠시 힘을 합쳐야 함을 깨우치고 있습니다.

☑ 배운 한자 톺아보기

大	정면 모습에서 변한 사람들			
	逆	朔	夫	扶	替
	天	亦	天	妖	沃
	笑	吳	娛	誤	央
	殃	英	映		

03
땅에 서 있는 사람

　사람의 모습인 大(대)는 다른 글자와 조합해 현대 한자로 발전해오면서 조금씩 글자 모양이 변했습니다. 물론 갑골문 시절에는 모양의 차이가 없었습니다.

　'설 立(립)' 자의 갑골문은 정면으로 서 있는 사람의 모습을 그렸고, 그 아래쪽에 가로선을 그려 땅을 표시했습니다. 여기서 '서다'는 의미가 나왔으며, 아이가 성장해서 혼자 서는 것에서 '해내다', '존재하다'의 뜻으로까지 넓어졌습니다.

　국가나 정부, 제도, 계획 따위를 이룩하여 세우는 것을 樹立(수립)이라 하고, 뜻을 세우는 것은 立志(입지)라 합니다. 또 동상이나 기념비를 세우는 것을 建立(건립)이라 합니다.

　사람이 만나서 서로 간에 인사를 나누는 법에는 서서 인사하는 立禮(입례)가 있고, 앉아서 인사하는 座禮(좌례)가 있고, 엎드려 인사하는 拜禮(배례)가 있습니다. 각 인사법은 때와 장소에 따라 그리고 상황에 따라 다르게 나타납니다.

　‘울 泣(읍)’ 자는 물 水(수)와 사람이 서 있는 모양인 立(립)
의 조합입니다. 사람이 서서 눈물을 흘리는 모양에서 그 의미
가 나왔습니다. 泣(읍)은 물 水(수)를 통해서 소리 없이 눈물을
흘리면서 우는 울음을 나타냅니다. 哭(곡)은 위쪽의 입 口(구)
두 개와 개 犬(견)이 조합해서 ‘소리 내서 울다’라는 의미를 표
현했습니다.

泣斬馬謖(읍참마속)은 공공의 대의를 위하여 자기가 아끼는 사람을 버리는 의미입니다. 이는 『삼국지』에서 유래하였습니다. 劉備(유비)가 세운 蜀(촉)나라의 軍師(군사) 諸葛亮(제갈량)은 馬謖(마속)이란 장군을 매우 아꼈습니다. 그러나 마속이 제갈량이 내린 명령을 따르지 않고 자신의 재주와 능력만 믿고 전쟁에 임했습니다. 물론 마속이 제갈량의 명령대로 군사를 움직이고 싸웠다면 그 전투에서 승리했을 겁니다. 그러나 마속은 제갈량의 명령을 어겨 街亭(가정) 싸움에서 패했습니다. 이에 제갈량은 눈물을 머금고 자신의 친구 동생인 마속의 목을 베었습니다. 참으로 아끼는 사람이라 할지라도 원칙을 지키기 위해선 버려야 한다는 읍참마속이 여기에서 유래하였습니다.

氵(수)는 물 水(수)의 생략형으로 대부분 왼쪽에 놓이며, '물'과 연관된 의미를 나타냅니다.

'나란할 竝(병)' 자는 설 立(립)의 두 개의 조합으로, 두 사람이 땅 위에 함께 서 있는 것을 그렸습니다. 여기서 '나란히 하다', '견주다', '아우르다'의 의미가 나왔습니다.

竝設(병설)은 두 가지 以上(이상)을 한곳에 設置(설치)하는 것을 말하며, 竝行(병행)은 두 가지 일을 동시에 하는 것을 말합니다.

　'아우를 幷(병)' 자의 갑골문은 두 사람이 연이어 함께 묶여 있는 모양을 그렸습니다. 그래서 본래의 뜻은 '합치다', '아우르다', '함께하다'의 의미를 나타냈습니다.

　竝(병), 幷(병), 倂(병)의 세 글자는 거의 같은 의미로 사용합니다. 竝(병)은 '나란히 하다', '함께하다'의 의미고, 幷(병)과 倂(병)은 '어울리다', '함께하다'의 의미로 통용해서 사용합니다.

　幷(병)은 다른 글자와 조합할 때 사용하며, 倂(병)은 사람 人(인)을 더해서 사람의 행동을 강조할 때 사용합니다. '倂合(병합)하다', '合倂(합병)하다' 할 때 사용합니다. 屛(병)은 담장 형태로 바람을 막는다는 의미로 '屛風(병풍)', '담', '가리어 막다'를 나타냅니다.

粒 粒 粒

'낟알 粒(립)' 자는 사람이 서 있는 立(립)과 쌀 米(미)의 조합으로 낟알의 의미를 나타냈습니다. 사람이 혼자 서 있는 모양인 立(립)을 더해서 낟알의 의미를 더욱 강조했습니다. 맨눈으로는 볼 수 없는 아주 작은 알갱이를 微粒子(미립자)라고 합니다.

米 米(미)는 쌀의 낟알을 그린 것으로 쌀과 관련된 것을 나타냅니다.

笠 **笠**

　'삿갓 笠(립)' 자는 설 立(립)에 대나무 竹(죽)을 더한 글자입니다. 서 있는 사람 머리 위에 대나무로 만든 모자를 쓴 모양에서 의미가 나왔습니다. 조선시대 시인 金炳淵(김병연)은 삿갓을 쓰고 방랑했기 때문에 金笠(김립)으로 불렸습니다.

 竹(죽)은 대나무 잎을 본떠 만든 글자입니다. 대나무는 여느 나무와 다르게 작고 군락을 이루며 살기 때문에 두 개를 그렸습니다. 다른 글자와 조합할 때 대나무로 만든 용품과 관련된 의미를 나타냅니다.

'자리 位(위)' 자는 사람 人(인)과 서 있는 사람인 立(립)의
조합으로, 사람이 서 있는 위치를 나타냅니다. 여기서 '위치'라
는 의미가 나왔습니다. 옛날 조정에서는 지위에 따라 서는 위
치가 결정되었기 때문에 '지위'라는 의미가 포함되었습니다.
　사람이 서 있는 곳이라는 데에서 '좌석'의 의미로 넓어졌습
니다. 神位(신위)는 제사지낼 때 영혼을 모신 자리라는 의미입
니다.

　‘끌고 갈 拉(랍)’ 자는 손 手(수)와 서 있는 사람인 立(립)의
조합으로, 서 있는 사람을 손으로 이동시키는 것을 나타냅니
다. 이동시키기 위해서는 어떤 행동을 해야 합니다. 그 모습에
서 ‘잡아당기다’는 의미도 더해졌습니다.

　拉致(납치)는 강제 수단을 써서 억지로 데리고 가는 것을 말
하며, 납치를 당하는 것을 被拉(피랍)이라 합니다.

不立文字(불립문자)

글은 말을 다하지 못하고, 말은 뜻을 다하지 못한다는 말이 있습니다. 글은 사람들 간의 약속입니다. 한글은 소리글자이고 한자는 뜻글자입니다. 한글은 소리로 그 뜻을 나타내므로 시대와 지방에 따라 다소간의 소리와 뜻의 차이가 있습니다. 한자는 뜻으로 그 의미를 전달하므로 세월이 흐르면서 뜻이 다양해지고 새로운 뜻글자도 만들어졌습니다. 하지만 말과 글은 사람의 생각을 전달해주는 의사소통의 수단이지만 그 의미를 온전히 전달할 수 없습니다. 그래서 사람들은 자신이 깨달은 진리를 전달하기 위해 때에 따라 글과 말 그리고 그림과 기타의 상징 부호로 전달했습니다.

그럼에도 불구하고 말과 글, 그림, 상징부호로는 자신의 마음을 제대로 상대방에게 온전히 전달할 수 없습니다. 그리하여 등장한 것이 마음으로 전달하는 '以心傳心(이심전심)'이라는 不立文字(불립문자)의 진리 전수 방법입니다. 문자로는 깨달은 진리를 모두 설명할 수 없다는 불립문자의 진리 전수를 통하다보니, 동양에서는 서양에 비해 말과 글이 상대적으로 경시되었습니다. 이 때문에 동양은 언어의 질서를 탐구하는 논리학이 서양에 비해 상대적으로 덜 발달하였습니다.

사람들은 하늘에 떠 있는 달을 쳐다보라고 손가락으로 그 달을 가리킵니다. 하지만 사람들은 달을 쳐다보지 않고 손가락만 쳐다볼 때가 많습니다. 진리와 진실을 상징하는 달을 쳐다보지 않고 그 방편인 손가락만 쳐다보는 꼴입니다. 마치 말과 글의 해석만을 놓고 자신의 주장만 되풀이하면서 말입니다. 이런 현상을 일깨우는 말이 見月忘指(견월망지)입니다.

어느 노스승이 제자들에게 마음을 닦기 위해 불경을 열심히 읽고 기도를 하라고 했습니다. 그러자 제자들은 마음을 닦는 것은 생각하지 않고 그저 형식적으로만 불경을 읽고 또 읽었습니다. 그러자 노스승이 말했습니다.

"달을 가리키면 달을 보고 손가락은 잊어버려야 하느니라. 그런데 너희는 달은 잊고 손가락만 보는구나!"

불교에서는 진리 전달의 방법을 두고 말이나 글이 아닌 마음과 마음으로 전해준다는 不立文字(불립문자)의 전통이 있습니다. 이는 달마대사로부터 이어진 禪宗(선종)에서 강조하는 진리 체험법입니다. 진리는 말이나 글이 아니라 마음에서 마음으로 전달하는 것으로, 그 방법은 개인의 체험을 중요시하여 경전 밖의 깨달음을 통해서 마음에서 마음으로 전해진다는 敎外別傳(교외별전) 또는 직지인심(直指人心)이라 하였습니다. 그래서 말합니다.
"부처를 만나면 부처를 죽이고, 깨달음을 얻으면 그 깨달음마저 찢어버리라고."

☑ 배운 한자 톺아보기

立	땅에 서 있는 사람				
	泣	竝	幷	粒	位
	拉				

65

04
문신한 사람

'글월 文(문)' 자는 정면으로 서 있는 사람의 가슴을 강조한 모양입니다. 갑골문은 오늘날의 문신처럼 가슴에 무늬가 있는 사람을 그린 모양입니다. 여기서 '문신과 무늬'를 뜻하게 되었으며, 나중에 글자가 그림에서 출발했기 때문에 '글자'라는 의미로 넓어졌습니다.

고대 중국인들은 전쟁에서 부상을 당해 피를 흘리고 죽는 것을 보고는, 피를 흘려야만 혼이 육체를 벗어날 수 있다고 인식했습니다. 그런 까닭에 집에서 죽은 사람의 가슴에 상처를 내기 시작했으며, 나중에 상처에서 문신으로 발전했습니다. 죽은 자의 몸에 상처를 내거나 문신을 새기는 것은 장례 절차의 한 풍습으로 정착되었습니다. 이는 시신을 관에 집어넣기 위해 베나 이불로 싸는 일종의 殮(염)이기도 하였습니다. 시신에 화려한 문양을 새길수록 예를 갖춘 장례라 여겼습니다.

지금도 몸에 새기는 무늬를 文身(문신)이라고 쓰는 데에서 그 혼적을 찾을 수 있으며, 이러한 풍습에서 비롯하여 文化(문화)라는 말에도 文(문)을 사용하게 되었습니다.

'무늬 紋(문)' 자는 文(문)이 무늬의 의미에서 글자라는 뜻으로 사용되었으므로 다시 실 糸(사)를 더했습니다. 무늬를 짜는 실을 강조하여, 마치 옷감을 짤 때 문신을 새기듯이 무늬를 넣는 것을 나타냈습니다.

　수면에 이는 잔물결을 波紋(파문)이라 하는데 물결 波(파)에 무늬 紋(문)을 사용하였습니다. 처음엔 조그마한 물결이 점점 커지기 때문에 어떤 일에 미치는 영향이라는 의미로 확대되었습니다. 손가락에 있는 무늬는 指紋(지문)이라고 합니다.

糸(사)는 실크 원사를 뽑아놓은 모양을 그대로 그렸으며, '실'과 연관된 의미를 갖습니다.

　'모기 蚊(문)' 자는 벌레 虫(충)과 가슴에 피를 흘리게 하는 모양인 文(문)의 조합입니다. 예전부터 모기는 사람의 피를 빨아먹는 불청객으로 사람들에게 많은 괴로움을 주었습니다. 피를 빠는 것에서 피를 흘리다와 연관되어 '모기'를 나타내는 글자로 사용하였습니다. 두 번째의 전서를 보면 백성 民(민) 자 밑에 벌레가 우글거리는 모양으로 모기를 나타냈습니다. 여름철에 모기를 쫓는 화초라 하여 화원에서 팔고 있는 救蚊草(구문초)가 있습니다.

虫(충)은 벌레 모양을 본떠 만든 글자로 부수로 쓰이며, '곤충'을 나타냅니다.

蚊

　‘어지러울 紊(문)’ 자는 무늬를 나타내는 文(문)에 실 糸(사)를 아래쪽에 더했습니다. 무늬가 들어간 천을 짜기 위해서 여러 색의 실이 드리워져 있는 모양을 나타냈습니다. 여기서 색색의 실이 어지럽게 서로 엮여 있기 때문에 ‘어지럽다’는 의미가 나왔으며, 다시 ‘문란하다’는 의미로 넓어졌습니다. 도덕이나 질서, 규칙 따위가 어지러운 것을 紊亂(문란)하다고 합니다.

　‘아낄 吝(린)’ 자는 죽은 사람을 나타내는 文(문)과 입 口(구)

의 조합입니다. 죽은 사람에 대한 이야기는 되도록 하지 않는
다는 데에서 '아끼다'는 의미가 나왔습니다. 물건을 지나치게
아끼는 것을 吝嗇(인색)이라 합니다. 『論語(논어)』「泰伯(태
백)」편에, '설령 周公(주공)처럼 훌륭한 재능이 있다 하더라도
교만하고 인색하면 그 나머지는 볼 것도 없다(如有周公之才之
美, 使驕且吝, 其餘不足觀也已)'고 하였습니다.

　사람이 세상을 살아가는 이치는, 浪費(낭비)와 吝嗇(인색)의
中庸(중용)인 節約(절약)하는 삶을 사는 것입니다.

  '얼룩 斑(반)' 자는 갑골문에서는 양쪽에 형벌 도구를 나타
내는 辛(신)과 문신을 나타내는 文(문)의 조합이며, 후에 지금
의 구슬 玉(옥)의 생략형인 王(왕)으로 변했습니다. 본래는 죄
지은 사람 얼굴에 문신을 새기는 데에서 나온 '얼룩', '얼룩무
늬', '어지러워진 모양'의 의미입니다. 나중에 구슬 玉(옥)으로
변했어도 옥의 무늬를 나타내는 '얼룩'의 의미는 변화가 없습
니다. 동식물 따위의 몸에 박혀 있는 얼룩얼룩한 점을 斑點(반
점)이라 합니다.

辛(신)은 본래 얼굴에 문신을 새기는 형벌 도구 모양을
그린 것으로, 형벌로 새겨진 문신을 영원히 지울 수 없는
데서 '사납다', '맵다'의 의미를 나타냈으나, 다른 글자와
조합할 때는 본디 의미인 '형벌'을 나타냅니다.

‘위문할 閔(민)’ 자는 문을 나타내는 門(문)과 죽은 사람을
나타내는 文(문)의 조합입니다. 文(문)은 죽은 사람 가슴에 문
신을 나타낸 의미이므로, 조문하는 사람이 문 앞에 있는 모양
을 그린 것입니다. 여기서 ‘위문하다’, ‘마음아파하다’, ‘근심하
다’는 의미가 나왔으며, 본래 의미는 소멸되고 주로 姓氏(성씨)
로 사용합니다.

門門 門(문)은 양쪽 문의 모양을 그린 글자로, ‘문’과 연관된
의미를 나타냅니다.

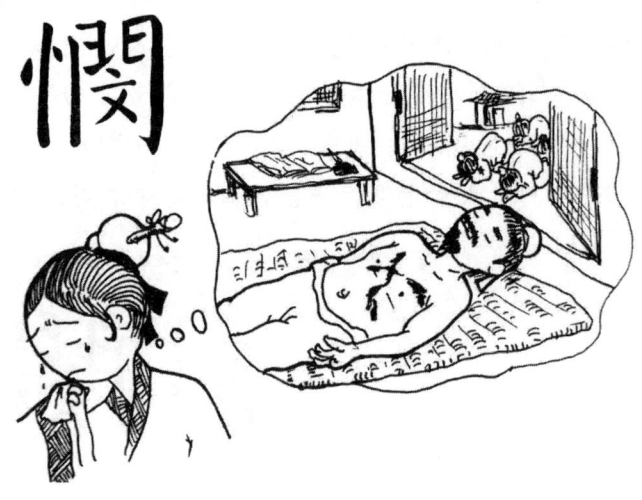

　'불쌍히 여길 憫(민)' 자는 위문할 閔(민)과 마음 忄(심)의 조합으로, 조문하는 사람의 마음을 강조했습니다. 여기서 '불쌍히 여기다'는 의미가 나왔습니다. 불쌍하게 여기는 것을 憐憫(연민)이라 하고, 답답하고 안타깝게 여기는 것을 憫惘(민망)이라 합니다.

　'흉할 凶(흉)' 자는 가슴에 문신을 뜻하는 乂(문)과 같이 장례 풍습에서 나온 글자입니다. 죽은 사람의 가슴에 칼로 엑스 형태로 그어서 피를 흘리는 것을 형상화했습니다. 본래는 '가슴'을 의미했으나 사람이 죽어 피를 흘리는 모양에서 '흉하다'는 의미로 변했습니다. 사람을 죽이거나 해치는 데 사용한 기구를 凶器(흉기)라고 합니다. 흉기라는 단어는 본래의 의미를 잘 살린 한자어입니다. 凶器(흉기)를 들고 사람을 해치는 사람을 凶惡犯(흉악범)이라 합니다.

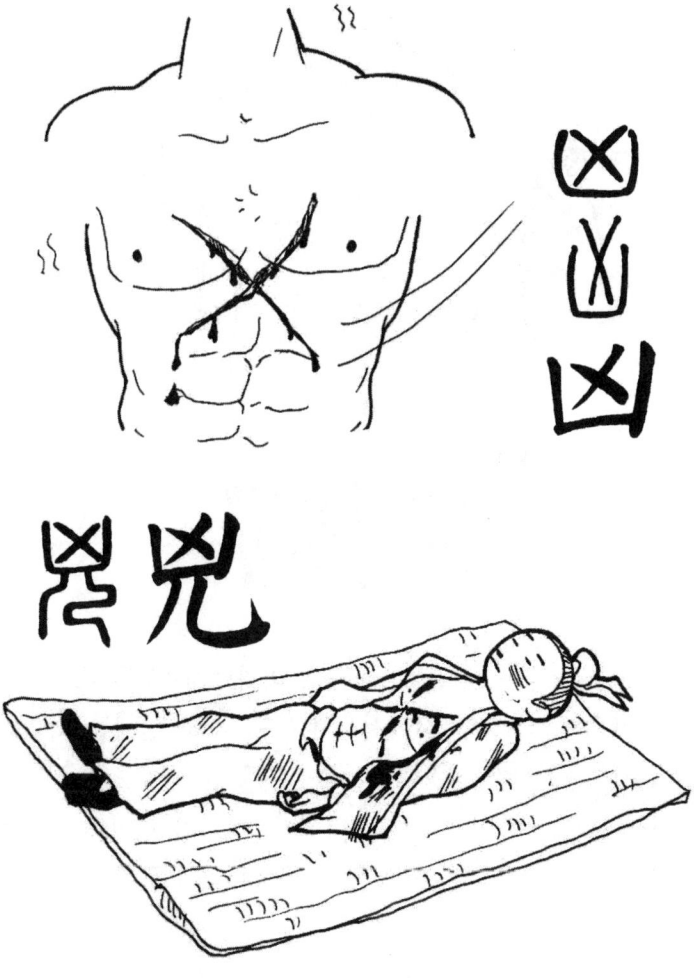

　‘흉할 兇(흉)’ 자는 같은 뜻의 흉할 凶(흉)에 사람 儿(인)의
조합으로, 죽어서 가슴에 피를 흐리고 있는 사람 모양을 강조
했습니다. 흉한 외모에서 나오는 분위기를 성격으로 연결해서
‘흉악하다’는 의미까지 넓어졌습니다. 그래서 못된 짓을 하는
사람의 우두머리를 元兇(원흉)이라 합니다.

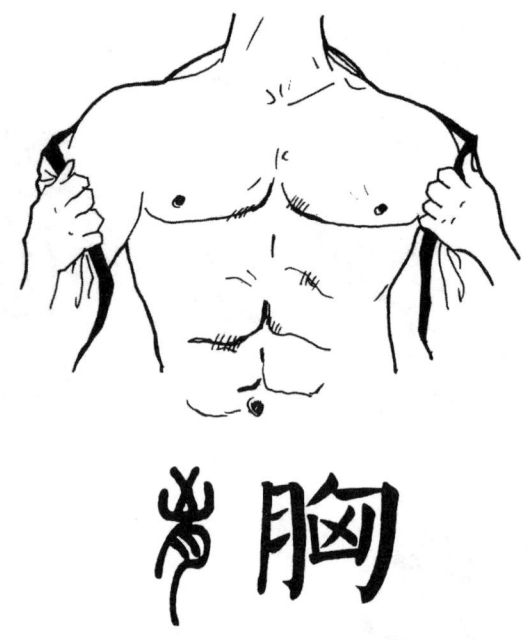

　‘가슴 胸(흉)’은 凶(흉)이 가슴의 의미에서 ‘흉하다’로 사용되
었기 때문에, 초기 전서에서는 凶(흉) 자에 인체를 나타내는
月(월)을 조합해서 사용했습니다. 현대 한자로 오면서 물건을
감싸는 사람 모양인 勹(포)를 더해서 ‘가슴’을 나타내게 되었습
니다. 이는 모든 것을 포용하는 부분의 의미를 강조하기 위함
입니다. 사람의 가슴 위쪽 부분만을 조각한 것을 胸像(흉상)이
라 하고, 가슴 부분을 胸部(흉부)라 합니다.

月(월)은 부수로 사용할 때는 ‘고기 肉(육)’과 ‘달 月(월)’
을 동시에 나타냅니다. 대부분 ‘고기’를 의미하며, 특히
인체와 관련이 많습니다.

삶과 죽음

동양의 태극 문양 ☯을 보면, 陰(음)과 陽(양)이 서로 침범하면서 교차하고 있습니다. 이분법적으로 ◐이나 ◑으로 나누어져 있지 않습니다. 이는 음 속에 양이 있고 양 속에 음이 있음을 나타낸 겁니다. 하늘과 땅이 정확히 딱 부러지게 나누어져 있지 않습니다. 지평선과 수평선을 통해서 하늘과 땅, 하늘과 바다는 연속으로 연결되어 있습니다.

자연은 언제나 삶과 죽음이 함께 있습니다. 어린 초목이 자라나서 꽃을 피우고 열매를 맺고 다시 낙엽이 지면서 땅 속의 자양분으로 돌아갑니다. 산 것이 죽은 것이고 죽은 것이 산 것으로서, 삶과 죽음은 언제나 동시에 공존해 있습니다.

우리가 태어났다는 것은 어찌 보면 죽으러 가고 있는 것입니다. 인간이 성장한다는 것은 낡은 피부가 새 피부에 의해 밀려나 죽는 과정을 통해서입니다. 밤이 깊어야 새벽이 오고, 한낮이 지나면 쉴 수 있는 밤은 반드시 찾아옵니다. 삶속에 죽음이 있고 죽음 속에 삶이 있습니다. 이런 자연의 지혜를 고대인들은 알고 있었습니다. 그리하여 죽음도 삶의 연속이라 생각하여 죽은 자를 매장할 때, 죽은 자가 살아 있을 때 좋아하던 것들을 부장품으로 같이 묻어주었습니다. 삶과 죽음은 연속적인 것이었습니다. 그리하여 問喪(문상)할 때 '삼가 고인이 冥福(명복)을 빕니다'라고 하였습니다. 죽은 뒤에 저승에서도 복을 받으라고 이야기지요.

인간은 태어나고 늙고 병들고 죽는 生老病死(생로병사)의 과정을 통해 삶을 유지해갑니다. 인간 개개인의 삶은 한정되어 있지만, 인간이라는 種(종)은 끊임없는 개인의 삶과 죽음을 경험하면서 그 종을 유지합니다. 개인의 삶 속에도, 자연 속에도 삶과 죽음은 동전의 양면처럼 동시에 유지하고 있습니다.

삶과 죽음, 행운과 불행이 언제나 고정적인 것이 아니라 영원히 지속적이라는 것을 깨우치는 고사성어가 愚公移山(우공이산)과 塞翁之馬(새옹지마)입니다.

어리석은 늙은이가 산을 옮긴다는 우공이산은, 쉬지 않고 꾸준하게 한 가지 일만 열심히 하면 마침내 큰일을 이룰 수 있음을 비유한 말입니다. 인간지사 塞翁之馬(새옹지마)란 말은, 인간의 삶에서 행복과 불행은 변화무쌍하여 알 수 없다는 말입니다. 변방 늙은이의 말(馬)이라는 의미로, 변방 국경 지방의 늙은이인 塞翁(새옹)의 일생이 한 마리 말로 인해 예측할 수 없는 변화를 겪는 데서 나온 의미입니다. 이 말은 인간의 삶을 이야기할 때 사람들 사이에 많이 膾炙(회자)됩니다. 칭찬을 받으며 사람의 입에 자주 오르내림을 이르는 말인 膾炙(회자)는 잘게 저민 날고기 膾(회)와 불에 구운 고기 炙(자)의 결합입니다.

☑ 배운 한자 톺아보기

文	문신한 사람			
紋	蚊	紊	吝	斑
閔	憫	凶	兇	胸

05
다리 꼬고 서 있는 사람

　'교차할 交(교)' 자는 사람이 다리를 교차하고 서 있는 모양에서 의미가 나왔습니다. 나중에 마음을 서로 교차한다는 의미로 '사귀다'는 뜻까지 넓어졌습니다. 서로 교차해서 지나다니는 곳을 交叉路(교차로)라 하고, 친구와 사귀는 것을 交友(교우)라고 합니다.

　交(교)는 水魚之交(수어지교)나 管鮑之交(관포지교)처럼 친구와 연관된 고사성어에 많이 사용합니다. 물과 고기의 사귐이란 의미의 수어지교는 중국 삼국시대의 유비와 제갈량 사이를 비유한 데서 비롯합니다. 『삼국지』에 보면 關羽(관우)와 張飛(장비)가 유비에게 제갈량을 너무 귀하에 여긴다고 불평합니다. 이에 유비가 말합니다. "나에게 孔明(공명)이 있다는 것은 물고기가 물을 가진 것과 마찬가지다. 다시는 불평하지 말도록 하게." 물고기는 물을 떠나서는 잠시도 살 수 없습니다. 고기와 물처럼 떼려야 뗄 수 없는 사이를 水魚之交(수어지교)라 합니다.

　管鮑之交(관포지교)는 司馬遷(사마천)의 『史記(사기)』에 나오는데, 管仲(관중)과 鮑叔(포숙)의 사귐이라는 뜻입니다. 중국 齊(제)나라의 포숙과 관중은 친구 사이였습니다. 둘이 장사를 하면서 포숙은 자본을 대고 관중은 경영을 담당하였습니다. 관중이 이익금을 혼자 독차지하였어도 포숙은 관중의 집안이 가난한 탓이라고 이해하였고, 전쟁터에서 세 번이나 관중이 도망을 하였는데도 포숙은 그에게는 늙으신 어머니가 계시기 때문이라며 이해하고 변명하였습니다. 나중에 관중은 포숙을 가리켜 "나를 낳은 것은 부모님이지만 나를 아는 것은 오직 포숙뿐"이라고 하였습니다.

'바로잡을 校(교)'는 나무 木(목)과 교차할 交(교)의 조합으로, 나무가 서로 교차되었다는 의미입니다. 갑골문은 다리 아래쪽에 나무가 있어서, 나무로 만든 도구로 다리에 족쇄를 채운 모양을 표현했습니다. 이는 죄수를 잡아놓은 모양을 그린 것으로, 죄지은 사람이 다시 죄를 범하지 않도록 교화하는 것이 가장 중요했는데, 여기서 '바로잡다', '가르치다'의 의미가 나왔습니다.

學校(학교)는 옳은 것을 가르치고 잘못된 것을 바로잡는다는 의미를 갖고 있습니다. 어법상 잘못 기재되어 있는 문자를 바로잡는 일, 곧 원고와 인쇄될 내용이 서로 다르지 않도록 확인하는 작업을 校正(교정)이라 합니다. 校訂(교정)은 원고에서 잘못된 내용을 찾아 바로잡는 일입니다. 헷갈리기 쉽지만 正(정) 자의 어원을 이해하면 혼동하지 않습니다.

正(정)은 한 一(일)과 그칠 止(지)의 조합으로, 一(일)은 국경선을 나타내고 止(지)는 발 모양으로 발의 역할인 움직임을 의미입니다. 국경선을 넘어서 다른 나라를 정벌한다는 의미가 正(정)의 뜻이었습니다. 정벌은 상대 국가가 나와 다른 생각을 갖고 있기에 그 생각을 바로잡기 위함입니다. 여기서 '바로잡다', '바르다'의 의미가 나왔습니다. '그칠 止(지)'는 발 모양을 설명하는 부분에서 자세히 설명하겠습니다. 다시 말해서 校正(교정)은 나의 손을 떠나 출판될 원고를 본래의 나의 원고와 대조하여 바로잡는다고 생각하면 쉽습니다.

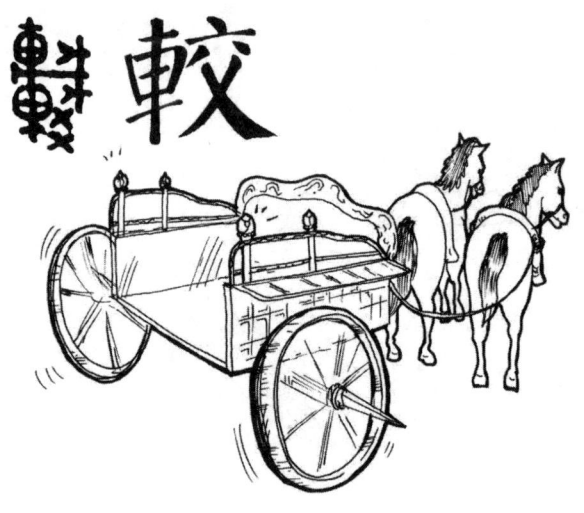

'비교할 較(교)' 자의 금문을 보면 두 마리 말이 끄는 수레와 엑스 자 모양 두 개가 가운데에 있는 모양입니다. 이 글자의 모양은 말을 탈 때 잡던 손잡이를 나타냅니다. 고대 중국 사회에서는 신분 제도가 엄격하였기 때문에 타고 다니는 마차에도 신분을 나타내는 표시가 있었습니다. 신분의 높고 낮음에 따라 손잡이의 개수, 재료, 모양 등에 차이가 있었습니다. 이 때문에 마차의 손잡이만 보아도 신분을 알 수 있었기에 '견주다', '비교하다', '같지 않다'의 의미가 나왔습니다. 둘 이상이 겨루어서 우열을 가리는 것을 比較(비교)라고 합니다.

'목맬 絞(교)' 자는 교차할 交(교)에 실 糸(사)를 더해 실을 서로 교차시킨다는 의미로, '새끼를 꼬다'가 본래의 의미입니다. 새끼를 굵게 꼬아서 죽은 사람을 묶는 데서 '묶다'의 의미로 넓어졌습니다. 목을 묶어 사람을 죽이는 형벌을 絞首刑(교수형)이라 합니다.

'본받을 效(효)' 자는 다리를 교차시킨 사람을 나타내는 交(교)와 칠 攵(복)의 조합입니다. 사람을 회초리를 사용해서 바로잡는 것을 나타냈습니다. 사랑의 매라는 이야기는 이 글자에서도 유추할 수 있습니다. 예전부터 때려서 학생을 가르치던 교육법을 나타낸 글자가 '본받을 效(효)'입니다. 그래서 '따르다', '본받다', '학습하다'의 의미를 나타냅니다. 법률 등의 작용을 效力(효력)이라 하며, 들인 힘에 비해 실제 유효한 비율을 效率(효율)이라 합니다.

攵(복)은 손에 회초리를 잡고 있는 것으로, '치다'의 의미로 꼭 기억해야 합니다. 다른 글자와 조합해서 쓰고, 사용 빈도도 매우 높습니다.

'교외 郊(교)' 자는 교차할 交(교)와 고을 阝(읍)의 조합입니다. 阝(읍)은 城(성) 안쪽의 도시라는 의미이고, 郊(교)는 도시와 지방을 오고가는 장소를 나타냅니다. 여기서 '성 밖', '교외'의 의미가 나왔습니다. 郊外(교외)는 도시 둘레의 논밭이 많은 곳을 나타내며, 近郊(근교)는 도시에서 가까운 주변을 나타냅니다.

邑(읍)은 성 밖에서 무릎 꿇은 사람을 그려서 '고을'을 나타냅니다. 다른 글자와 조합할 때 阝(읍)으로 모양이 바뀌게 되었으며, 반드시 오른쪽에 씁니다.

무소의 뿔처럼 혼자서 가라!

불교 경전 『수파니파타』와 『法句經(법구경)』에는 '무소의 뿔처럼 혼자서 가라'는 구절이 나옵니다. 무소는 코뿔소의 다른 말로서 아프리카와 인도에만 있습니다.

소나 사슴 같은 동물들은 뿔이 두 개이고 무리지어 다닙니다. 그러나 인도 코뿔소는 뿔이 하나고 혼자 생활합니다. 옛날 인도 수도승들은 걸식하면서 혼자 생각하며 깨달았습니다. 그리고 진리를 구하기 위해서는 좋은 스승, 좋은 동반자를 찾아다니기도 했습니다. 하지만 언제나 자신의 주체성을 잃지 않고, 가르치는 사람을 잘 가려서 스스로 판단하며 배웠습니다. '무소의 뿔처럼 혼자서 가라'는 말의 의미는 주체성을 잃지 말라는 것입니다.

숲속에 묶여 있지 않은 사슴이 먹이를 찾아 여기저기 다니듯이 지혜로운 이는 독립과 자유를 찾아 무소의 뿔처럼 혼자서 가라. … 서로 다투는 철학적 견해를 초월하고 깨달음에 이르는 길에 도달하여 도를 얻은 사람은, '나는 지혜를 얻었으니 이제는 남의 지도를 받을 필요가 없다'고 알아 무소의 뿔처럼 혼자서 가라. …그물에 걸리지 않는 바람과 같이 흙탕물에 더럽혀지지 않는 연꽃과 같이 무소의 뿔처럼 혼자서 가라.

☑ 배운 한자 톺아보기

交	다리 꼬고 서 있는 사람				
	校	較	絞	效	郊

06
굽혀서 묻힌 사람

'주검 尸(시)' 자의 갑골문은 다리를 구부린 사람의 모양을 그린 글자로, 다른 글자와 결합하여 '사람', '누워 있는 사람', '구부린 사람'을 의미합니다. 고대 중국 사람들은 '굴장'이라는 매장법을 사용했습니다. 이는 아기가 뱃속에 있었던 모양으로, 다시 땅으로 돌아가야 한다는 의미의 장례법입니다. 여기서 원래의 의미인 '시체'를 뜻하게 되었으며, 다시 尸(시)에 죽을 死(사)를 더해서 의미를 강조한 '주검 屍(시)'를 만들어 사용했습니다.

한자는 세월이 지나오면서 의미가 넓어졌습니다. 尸童(시동)은 고대에 제사지낼 때 죽은 사람을 대신하여 산 사람을 앉혀놓고 제사를 지내는 풍습이 있었는데, 그 산 사람이 바로 시동입니다. 尸(시)에는 다시 戶(호)의 생략형으로 사용하게 되었습니다.

　戶(호)는 두짝문을 나타내는 門(문)의 왼쪽을 그려서 한쪽
문을 의미했습니다. 그러나 뒤로 오면서 백성들이 문을 외짝으
로 많이 달았기 때문에 '집'이라는 의미로 사용하게 되었습니
다. 戶口(호구) 조사는 바로 문을 열고 들어가서 살고 있는 사
람의 입을 헤아린다는 의미로, 살아 있는 사람의 수를 조사한
다는 의미입니다. 두짝문이나 외짝문을 모두 열어주는 것을
'門戶(문호)를 개방한다'고 표현합니다.

　'자 尺(척)' 자의 갑골문은 사람 人(인)에 팔의 모양을 더했습니다. 비단을 잴 때처럼, 옛날 사람들은 신체 부위를 이용해 각종 길이 표시의 기준으로 삼았습니다. 尺(척)은 팔의 길이를 기준으로 삼아서 '자', '길이', '길이의 단위', '법도'라는 의미가 생겼습니다. 1척은 30.3cm 정도입니다. 자로 잰 길이를 尺度 (척도)라 하며, 척도는 자로 정확히 쟀기 때문에 '판단하는 기준'이라는 의미도 생겼습니다.

　'꼬리 尾(미)' 자는 사람 모양인 尸(시)와 털 毛(모)의 조합입니다. 예전에 사냥해서 짐승을 잡으면 그 짐승의 뿔은 잘라 사람의 머리에 붙이고 꼬리는 잘라 사람의 엉덩이에 붙였습니다. 이는 짐승과 가까워지기 위해 짐승 모양으로 치장하려는 인간의 의도가 숨어 있습니다. 세월이 지나면서 뿔과 꼬리는 점차 다양한 형태로 치장하는 도구가 되어, 각종 축하 연회 때 짐승 모양으로 분장하고 춤추는 전통으로 변했습니다. 이처럼 尾(미)는 동물의 꼬리를 나타냈으며, 나아가 後尾(후미)라는 의미까지 확장되었습니다.

毛(모)는 털 모양을 본떠 만든 글자로 주로 동물의 '털'을 나타냅니다.

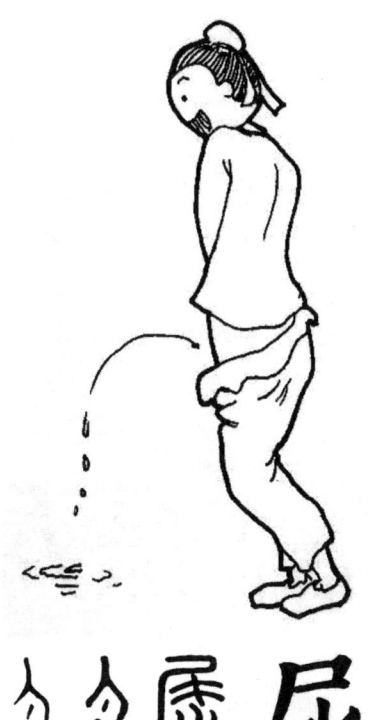

　‘오줌 尿(뇨)’ 자의 갑골문은 서 있는 사람 모양과 물 水(수)
의 조합으로, 몸에서 물이 나오는 형태를 측면에서 그렸습니
다. 여기서는 ‘오줌’을 의미하며, 시간이 흐르면서 서 있는 사
람이 앉아 있는 사람으로 모습이 변했습니다. 糖(당)이 섞여
나오는 오줌을 糖尿(당뇨)라고 하며, 한의학에서는 消渴(소갈)
이라 합니다. 인슐린 부족으로 분해하지 못한 糖(당)을 소변으
로 내보내기 위해서 물을 많이 미시기 때문입니다. 消(소)는
‘사라지다’, 渴(갈)은 ‘목마르다’의 뜻입니다. 夜尿症(야뇨증)은
잠자는 중에 오줌을 누는 병을 말합니다.

‘똥 屎(시)’ 자는 앉아 있는 사람과 쌀 米(미)의 조합입니다. 초기 갑골문의 그림은 측면을 보고 있는 사람과 엉덩이 쪽에 서너 개의 점을 첨가한 것으로, 사람이 변을 보고 있는 모습을 나타냈습니다. 시간이 지나면서 유사한 글자 모양인 쌀 米(미)로 변했습니다. 조선시대에 아이의 이름을 천하게 지어야 장수한다는 생각으로 ‘개똥이’라는 아명을 자주 사용했습니다. 이런 이름을 기록할 경우 한자로 介屎(개시)라 적었습니다. 介(개)의 음과 屎(시)의 뜻을 빌어서 사용한 예입니다.

　'집 屋(옥)' 자는 외짝문 戶(호)의 생략형인 尸(시)와 이를 至
(지)의 조합입니다. 전서에서는 언덕을 나타내는 厂(엄)이 더
해진 글자로, 예전에 땅을 파고 살았던 풍습에서는 '집'을 의미
합니다. 집안으로 들어가 머무는 의미를 형상화했습니다. 家屋
(가옥)은 사람이 사는 집이고, 社屋(사옥)은 회사 건물이며, 屋
上架屋(옥상가옥)은 지붕 위에 거듭 집을 세운다는 뜻으로 물
건이나 일을 부질없이 거듭함을 비유합니다.

 至(지)는 화살이 땅에 꽂히는 모양을 본떠 '이르다'의 의
미를 나타냅니다.

'쥘 握(악)' 자는 집을 나타내는 屋(옥)과 손 手(수)의 조합으로, 중국은 문 앞에 발을 드리우는 풍습이 있습니다. 집에 들어가기 위해서 손으로 발을 잡는 것에서 의미가 나왔습니다. 서로 손을 잡는 것을 握手(악수)라 하고, 손으로 문 앞의 발을 잡아 치우고 집안을 살피는 것을 把握(파악)이라 했습니다. 파악은 집안의 모습과 사물의 내용을 확실히 이해하는 것을 말합니다.

'쓸 刷(쇄)' 자의 전서는 외짝문 戶(호)의 생략형인 尸(시)와
수건을 나타내는 巾(건), 손을 나타내는 又(우) 세 부분으로 이
루어졌습니다. 손으로 집안의 먼지를 털어내는 모양에서 '털
다', '쓸다', '청소하는 도구인 솔'이라는 의미가 나왔습니다. 예
전에 목판 인쇄를 할 때 마치 청소하듯 문질렀기 때문에 '인쇄
하다'는 의미까지 넓어졌습니다. 刷新(쇄신)은 청소하듯 먼지
나 묵은 때를 솔로 긁어내거나 문질러서 털어내 새롭게 한다
는 뜻입니다.

 巾(건)은 줄에 천이 걸려 있는 모양으로, '수건'을 나타냅
니다.

　'굽힐 屈(굴)' 자는 외짝문 戶(호)의 생략형인 尸(시)와 나올 出(출)의 조합입니다. 고대 중국은 황하 유역을 중심으로 발전하였습니다. 황하의 지형은 돌이 많지 않아서 반지하식으로 황토를 파고들어가 집을 짓고 사는 사람이 대부분이었습니다. 이런 반지하의 낮은 입구를 통행하기 위해 구부리고 출입해야 하는 데서 '굽히다'의 의미가 나왔습니다. 屈伏(굴복)은 머리를 숙이고 무릎 꿇어 엎드림을 나타냅니다.

 出(출)은 반지하식 주거 구조와 늘어뜨린 발을 그린 모양으로, 집 밖으로 외출하는 '나가다'의 뜻입니다.

    '부분 局(국)' 자는 사람의 팔을 표시한 尺(척)과 口(구)의 조합으로, 口(구)는 울타리나 경계선을 나타냅니다. 여기서 짧은 거리를 나타내는 尺(척)의 의미와 경계선의 의미인 口(구)가 더해져 '작은 부분'을 나타냈습니다. 이어 장기판이나 바둑판처럼 작은 나무판 위에서 겨루기 때문에 '판'을 나타냈습니다. 승패를 겨루기 위한 장기판이나 바둑판의 형세를 局面(국면)이라합니다. 局地(국지)는 한정된 일정한 부분을 말하며, 흔히 국지성 폭우라 할 때 사용합니다. 행정이나 사무를 담당하는 부서를 事務局(사무국)이라 하고, 수술 할 때 몸 전체를 마취하는 것을 全身痲醉(전신마취)라 하며, 수술할 부분만 마취하는 것을 局部痲醉(국부마취)라 합니다.

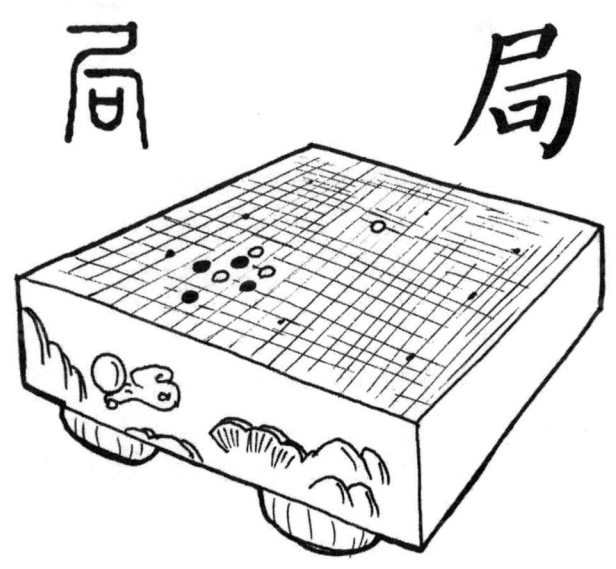

　'펼 展(전)' 자의 갑골문은 제사를 지낼 때 죽은 사람 대신 앉아 있는 사람과 그 밑의 장인 工(공)과 옷 衣(의)가 조합된 글자입니다. 이 글자는 여러 음식과 옷을 의미합니다. 제사상을 차려 여러 음식을 펼쳐놓은 모양에서 '펴다', '펼쳐지다', '늘리다', '발달하다'의 의미가 나왔습니다. 눈앞에 펼쳐지는 경치를 바라보는 곳을 展望臺(전망대)라 하고, 작품을 모아서 펼쳐놓고 보여주는 것을 展示會(전시회)라 하며, 일이 열리고 벌어짐을 展開(전개)라 합니다. 모든 음식과 격식을 펼쳐 제사지내면 좋은 결과가 기대되기 때문에 發展(발전)하다는 의미로 넓어졌습니다.

오늘의 신제품이 내일은 구제품으로 변합니다. 새로운 상품들은 끊임없이 만들어지고, 이에 따라 사람들의 의식도 바뀝니다. 그런데 인간의 의식은 새로운 상품의 출시를 못 따라갑니다. 이런 현상을 프랑스의 사회학자인 에밀 뒤르켐은 아노미(Anomie) 현상이라고 했습니다. 아노미 현상은 그의 저서 『자살론』에서 '사회 구성원의 행위를 규제하는 공통된 가치나 도덕적 규범이 상실된 혼돈 상태'로서 무규범·무질서 상태를 지칭하는 용어입니다. 이 용어는 사회 해체 현상을 분석·기술하는 개념으로 쓰이고 있습니다.

현대 사회의 급격한 변동으로 인해 사람들 사이의 믿음이 사라지고 있습니다. 왜냐하면 인간의 의식과 가치관이 사회 변화를 따라가지 못하기 때문입니다. 이런 현대 사회의 문제점을 해결하기 위해 살펴보아야 할 고사성어가 尾生之信(미생지신)입니다.

魯(노)나라에 尾生(미생)이라는 젊은이가 살았는데, 미생은 남과 約束(약속)한 일은 반드시 지켰기에 '信用(신용)'으로 有名(유명)했습니다. 한 번은 미생과 그의 愛人(애인)이 내일 저녁에 강다리 밑에서 만나기로 약속했습니다. 約束時間(약속 시간)보다 일찍 다리에 나가 애인을 기다리던 미생은, 약속 시간이 되어도 나타나지 않는 애인을 계속 기다리고 있었습니다. 그런데 갑자기 소나기가 내려 물이 불어나서 미생을 덮쳐오기 시작했습니다. 미생은 불어나는 물에 몸이 잠겨도 끝내 자리를 떠나지 않았습니다. 결국 미생은 애인을 기다리다가 다리 기둥을 끌어안고 죽었습니다. 이런 미생의 죽음에 대해서 상반되는 평가가 내려지고 있습니다. 전국시대의 종횡가로 이름이 난 蘇秦(소진)은 燕(연)나라의 소왕(昭王)을 설득하면서, 이 이야기를 예로 들어 자신의 信義(신의)를 강조하였습니다. 그러나 莊子(장자)는 「도척」 편에서, '이런 인간은 제사에 쓰려고 찢어발긴 개나 물에 떠내려가는 돼지, 아니면 쪽박을 들고 빌어먹는 거지와 다를 바 없다. 쓸데없는 명분에 빠져 소중한 목숨을 가벼이 여기는 인간은 진정한 삶의 길을 모르는 놈이다'라며 비판합니다. 장자는 공자와 대화를 나누는 도척의 입을 빌어 미생이 융통성이 없고 어리석음을 말하고 있습니다. 어떻게 받아들이고 해석할지는 각자의 판단입니다. 무소의 뿔처럼 혼자서 가는 인생이니까요. 하지만 거짓과 위선이 판을 치는 요즘 한 번쯤 吟味(음미)해볼 만한 이야기입니다.

☑ 배운 한자 톺아보기

尸	굽혀서 묻힌 사람			
屍	尺	尾	尿	屎
屋	握	刷	屈	局
展				

07
입 벌리고 있는 사람

'하품 欠(흠)' 자의 갑골문은 무릎을 꿇고 입을 벌린 사람 모양을 그렸습니다. 현대 한자에서도 아래쪽에 사람 人(인) 자가 남아 있습니다. 본래는 입을 벌린 사람의 의미며, 단독으로 사용하면 '하품하다'는 뜻입니다. 이 글자와 조합하는 한자는 모두 입을 벌리고 하는 행동과 관련이 있습니다.

하품하는 모습은 동서양을 막론하고 사람들이라면 다들 똑같습니다. 인간의 신체는 최상의 생명 활동을 위해 자율적으로 움직입니다. 피곤하면 휴식을 취하기 위해 잠을 자고, 뇌 속의 산소 공급을 늘리기 위해 하품을 합니다. 평상시보다 공기를 더 많이 마셔야 하기 때문에 입도 크게 벌리고 가슴을 활짝 열게 됩니다. 하품을 하는 순간 이산화탄소가 대량으로 방출된다고 합니다. 건강한 생활을 하려면, 몸 속의 에너지이자 뇌 속의 에너지인 산소가 충분해야 합니다. 산소 공급을 위해서는 스트레칭이 좋은 운동입니다.

'불 吹(취)' 자는 입을 벌리고 있는 사람의 그림에 입 口(구)를 더한 글자로, 입으로 하는 행동을 강조했습니다. 입으로 악기를 부는 것을 吹(취)라 하고, 손으로 북을 치는 것을 鼓(고)라 합니다. 鼓吹(고취)는 북치고 피리를 분다는 의미로, 북은 전쟁에서 일정한 신호로 사용되었습니다. 전진할 때는 북을 치고 후퇴할 때는 징을 쳤습니다. 勝戰鼓(승전고)는 전쟁에 이긴 兵士(병사)들의 흥을 돋우기 위해 북을 두드리는 것을 말합니다. 이때 피리도 같이 부는 경우가 많았는데, 이는 전쟁에 대한 두려움을 없애고 병사들의 사기를 진작시키기 위해서입니다. 여기서 분위기를 '고취시키다'는 뜻이 나왔으며, 나아가 '부추기다'라는 의미도 생겼습니다.

濫吹(남취)는 무능한 사람이 재능 있는 척하거나 실력 없는 사람이 높은 지위를 차지하고 있는 것을 나타냅니다. 본래의 의미는 '엉터리로 피리를 분다'는 뜻입니다.

중국 전국시대 齊(제)나라 宣王(선왕)은 피리 연주를 즐겨 들었는데, 특히 많은 사람이 함께하는 연주를 좋아했습니다. 어느 날 南郭(남곽)이란 사람이 자신도 왕 앞에서 함께 피리를 불겠다고 했습니다. 왕은 그를 합주단의 일원으로 받아들인 뒤 피리를 잘 분다고 많은 상을 하사했습니다. 하지만 남곽은 피리를 불지 못하는 사람이었으며, 연주자들 사이에 끼여서 부는 시늉만 했습니다.

나중에 선왕이 죽고 그 아들 緡王(민왕)이 왕위에 올랐습니다. 선왕은 합주보다는 단독으로 연주하는 피리 소리를 좋아했습니다. 단원 한 사람씩 연주하게 했는데, 남곽의 차례가 돌아오자 실력이 탄로날까봐 도망쳤다는 고사에서 남취가 유래하였습니다.

　'불 炊(취)' 자는 입을 벌리고 있는 사람과 불 火(화)의 조합으로, 불을 피워서 음식을 만드는 데서 '밥을 짓다'는 의미가 생겼습니다. 불 피우는 일, 곧 음식을 장만하는 것을 炊事(취사)라 하며, 自炊生(자취생)은 자기가 손수 밥을 지어먹으며 다니는 학생을 말합니다.

　사람이 살아가는 데 가장 기본적으로 필요한 세 가지를 衣食住(의식주)라 합니다. 입을 옷(衣)과 먹을 음식(食) 그리고 쉬고 잘 수 있는 집(住)을 말합니다.

　'사흘 굶어 남의 집 담 안 넘을 놈 없다', '가난 구제는 나랏님도 못한다'는 속담처럼, 먹는 문제는 동서양의 모든 국가들의 영원한 과제입니다.

'구덩이 坎(감)' 자는 흙 土(토)와 입 벌린 모양인 欠(흠)의 조합으로, 흙에 입 벌리고 있는 모양, 곧 흙이 움푹 들어가 벌어진 곳에서 그 의미가 나왔습니다. 이런 지형은 위험하기 때문에 '험난하다', '64괘 중 하나'로 그 의미가 넓어졌습니다.

'건곤감리 청홍백은 우리의 기상'이라는 유행가 가사가 있습니다. 이는 태극기의 기본 구성과 사상을 이야기한 겁니다. 이는 또한 음양오행 사상과도 통합니다.

『周易(주역)』에서는 건(乾. 하늘≡, 金), 태(兌. ≡), 이(離. 해와 불≡, 火), 진(震. ≡), 손(巽. ≡), 감(坎. 달과 물≡, 水), 간(艮. ≡), 곤(坤. 땅≡, 土)의 여덟 개 상징 기호인 팔괘를 기본으로 하여 세상만물을 표현하였습니다.

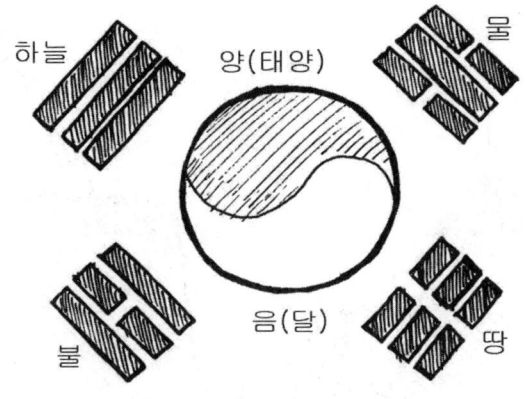

각각의 괘의 모습은 爻(효)로 표현하는데, 끊어지지 않은 선 (━)은 하늘을 의미하는 陽爻(양효)라 하고, 끊어진 선(━ ━)은 땅을 의미하는 陰爻(음효)라 합니다. 태극기 가운데 그려진 태 극 문양은 음(파랑)과 양(빨강)의 조화를 의미합니다. 음은 여 자의 기운을 상징하고 양은 남자의 기운을 상징합니다. 그런데 이 음과 양은 서로의 경계를 넘나들고 있습니다. 곧, 양 속에 음이 있고 음 속에 양이 있습니다.

강하고 굳센 남자도 나이가 들면 부드러워지고 약해집니다. 부드럽고 약한 여자도 나이가 들면 강하고 굳세집니다. 사람의 몸에는 남자 속에 여자의 기운이 있고 여자 속에 남자의 기운 이 있습니다. 태극 문양은 이 자연의 이치를 나타낸 것입니다. 이 음양의 조화로 천지만물이 생성소멸한다는 것이 음양설입 니다. 그리고 이 음효와 양효의 음과 양이 서로 변화하고 발전 하는 모습을 그린 것이 『주역』의 팔괘입니다. 그 가운데 태극 기에는 하늘과 땅, 물, 불을 나타내는 건곤감리 4괘를 그렸습 니다. 하늘과 땅, 물, 불은 태극인 음양을 중심으로 통일과 조 화를 이룹니다.

'마실 飮(음)' 자의 갑골문은 사람이 입을 벌리고 술병을 잡고 있는 모양입니다. 그러나 시간이 지나면서 술병을 나타내는 酉(유)가 먹을 食(식)으로 바뀌었습니다. 물론 먹을 食(식)으로 바뀌어도 입을 크게 벌리고 마시는 모양의 의미는 같습니다. 飮料水(음료수)는 料(료)가 요리의 의미이므로 순수한 물이 아니라 가공하여 마실 수 있는 물을 의미합니다. 따라서 마시고 먹는 것을 飮食(음식)이라 합니다.

食(식)은 뚜껑을 덮어놓은 음식 모양으로, '밥', '먹다'의 의미입니다.

　'탄식할 歎(탄)' 자의 왼쪽은 진흙을 나타내는 堇(근)이고 오른쪽은 입을 벌린 사람의 조합입니다. 堇(근)은 황하 유역의 범람으로 만들어진 진흙을 나타냅니다. 이 글자는 범람으로 인한 재앙의 의미를 내포하고 있습니다. 이런 재앙 앞에 입을 벌리고 탄식하는 모양에서 '탄식하다', '한숨 쉬다'의 의미가 나왔습니다. 길게 탄식하는 데서 '읊다'는 의미까지 넓어졌으며, 이는 嘆(탄)과 같은 글자입니다.

堇 堇 | 堇(근)은 黃(황)과 흙 土(토)의 조합으로 '황토'를 나타냅니다.

‘속일 欺(기)’ 자는 키를 나타내는 其(기)와 입을 벌리고 있
는 사람의 조합입니다. 남을 속일 때는 무엇보다 거짓말도 참
말처럼 하는 말솜씨가 가장 중요합니다. 갑골문을 보면 말씀
言(언)을 볼 수 있습니다. 키로 곡식을 까불 때처럼 가볍게 연
속으로 듣기 좋은 이야기를 자주해서 남을 속이는 것에서 ‘속
이다’는 의미가 나왔습니다. 본인의 이익을 위해 남을 속이는
것을 詐欺(사기)라 하며, 남을 그럴 듯하게 속여 넘기는 것을
欺瞞(기만)이라 합니다.

其(기)는 예전에 쌀을 까불던 키를 본떠서 만든 글자로
원래는 ‘키’를 나타내며, 후에 지시대명사인 ‘그’라는 의미
로 사용하게 되었습니다.

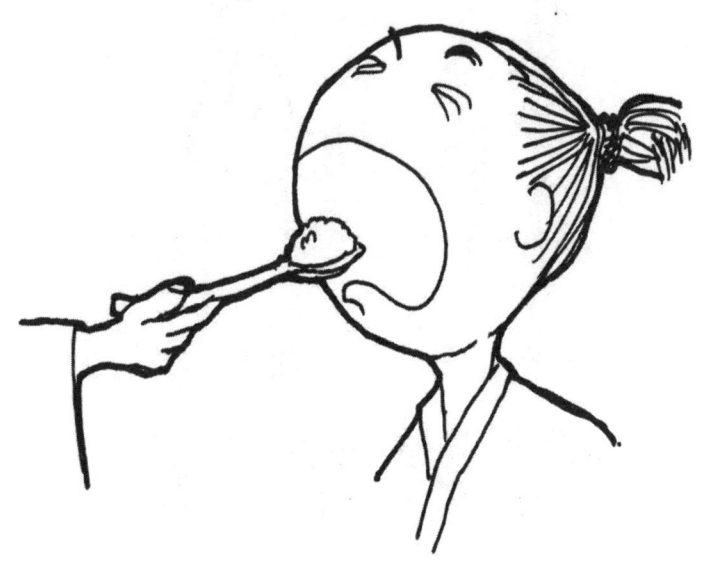

　'하고자 할 欲(욕)' 자는 하품 欠(흠)과 골 谷(곡)의 조합으로, 골짜기를 연상할 정도로 입을 크게 벌리고 있다는 의미입니다. 이 글자는 어린 새들이 어미가 물어오는 먹이를 계속 달라고 입을 벌리는 모양을 상상하면 됩니다. 이렇게 먹고자 하는 식욕에서 '~하고자 한다', '바라다', '하려고 하다'는 의미로 변했습니다. 나아가 욕심을 나타낼 때는 마음 心(심)을 더하여 慾(욕)을 새로 만들어 食慾(식욕), 貪慾(탐욕)에 사용했습니다.

소셜 네트워킹[07]
欲速不達(욕속부달)

『論語(논어)』「자로(子路)」편에는 孔子(공자)의 제자인 子夏(자하)가 莒父(거보)라는 고을의 지방관이 되어, 공자에게 정치에 관하여 묻는 대목이 나옵니다. 이에 공자는, "일을 빨리 이루려 하지 말고 작은 이익을 탐내지 말라. 빨리 이루려 하면 일이 잘 이루어지지 않고(欲速則不達), 작은 이익을 탐내면 큰일을 이룰 수 없다"고 말합니다.

누군가 높은 직위에 있을 때 무엇을 했다는 성과주의와 영웅주의로 어떤 실적을 올리려는 성급한 마음을 欲速(욕속)이라 합니다. 따라서 欲速不達(욕속부달)은 서두르면 도리어 목적에 도달하지 못하게 된다는 말입니다. 우리 俗談(속담)에 '급할수록 천천히!'라는 표현은 이런 지혜를 나타낸 것입니다. 자신이 어떤 직책을 가졌다는 영웅 심리로 무언가를 빨리 하려고(速) 욕심을 부리면(欲) 도리어 도달하지(達) 못한다(不)는 欲速不達(욕속부달)의 지혜로 기다릴 줄 아는 지혜가 필요한 시대이기도 합니다.

☑ 배운 한자 톺아보기

欠	입을 벌리고 있는 사람			
吹	炊	坎	飮	歎
欺	欲	慾		

08
입 벌리고 침 흘리는 사람

　'버금 次(차)' 자는 입을 벌린 사람 앞에 二(이)를 붙였습니다. 二(이)는 침을 흘리는 모양을 표시한 겁니다. 침 흘리고 하품하는 것은 피곤함을 가리키며, 여기서 '부족하다'는 의미가 나왔습니다. 이어서 '두 번째', '다음'이라는 의미로 변했습니다. 次(차)는 다른 글자와 조합하여 침을 흘리는 사람을 나타냅니다. 節次(절차)는 일의 순서를 나타내고, 漸次(점차)는 차례로 점점을 의미합니다.

　點(점)과 점들의 集合(집합)인 線(선)은 1次元(차원)이고, 선들이 모인 면은 2차원입니다. 그리고 면들이 모여 이루어진 입체적인 空間(공간)은 3차원입니다. 이 3차원에 時間(시간)이라는 차원이 합쳐진 것이 4차원의 세계입니다. 시간의 흐름 속에서 인간은 다음 세대로 이어지면서 인간이란 종은 유지됩니다. 우리가 살고 있는 지구는 다음 세대인 次世代(차세대)로부터 빌려온 것입니다.

次

資

'재물 資(자)' 자는 침 흘리는 사람을 의미하는 次(차)와 돈을 의미하는 貝(패)의 조합으로, 돈을 가진 사람을 의미합니다. 여기서 돈을 가진 사람이 구매할 수 있는 대상인 '재물'을 나타내게 되었으며, 구매할 만한 돈을 소유한 기준에서 '자격', '능력'이란 의미까지 확장되었습니다. 資格(자격)은 구매할 수 있는 재력이 일정한 신분이나 지위를 나타내고, 資源(자원)은 인간 생활이나 경제 활동에 이용되는 모든 원료를 말합니다.

貝(패)는 조개 종류 가운데 구하기 힘든 '마노조개'를 본 뜬 것이며, 마노조개를 고대에서는 돈으로 사용했기 때문에 '돈'을 의미하게 되었습니다.

‘모양 姿(자)’ 자는 침을 흘리고 있는 사람과 계집 女(여)의 조합으로, 아름다운 여인의 행동을 보고 침을 흘리는 것을 의미합니다. 여기서 ‘맵시’, ‘자태’의 의미가 나왔습니다. 고운 몸가짐과 맵시를 姿態(자태)라 하고, 자신을 낮추는 자세를 低姿勢(저자세)라 합니다.

‘방자할 恣(자)’ 자는 침을 흘리고 있는 사람과 마음 心(심)의 조합입니다. 남의 것을 훔치려는 태도에서 ‘방자하다’는 의미가 나왔습니다. 放恣(방자)는 바로 마음 내키는 대로 행동하는 것이며, 제 멋대로 건방지게 행동하는 것을 恣行(자행)이라합니다. 恣行(자행)은 ‘불법 행위를 恣行(자행)하다’에서 보듯이 법을 위반한다는 의미가 내포되어 있습니다.

　‘훔칠 盜(도)’ 자의 갑골문은 배 위에서 입을 벌리고 군침을 흘리는 사람 모양입니다. 침 흘리면서 물건을 훔치려는 마음에서 ‘훔치다’는 의미가 나왔습니다. 시간이 지나면서 배 모양이 그릇 皿(명)으로 변했습니다. 남이 소유한 물건을 몰래 사용하는 것을 盜用(도용)이라 하고, 몰래 엿듣는 것을 盜聽(도청)이라 합니다.

皿(명)은 제사를 지낼 때 사용하던 그릇 모양을 본뜬 글자로 ‘그릇’을 나타냅니다.

鷄鳴拘盜(계명구도)

닭 鷄(계)·울 鳴(명)·개 拘(구)·훔칠 盜(도)의 계명구도(鷄鳴狗盜)는, 닭 울음소리와 개처럼 뒷구멍으로 들어가 물건을 훔쳐오는 좀도둑질 같은 '하찮은 재주'인 狗盜(구도)도 필요할 때는 有用(유용)하게 쓰일 수도 있다는 뜻입니다. 이는 사마천의 『史記(사기)』「孟嘗君傳(맹상군전)」에 나오는 이야기입니다.

중국 전국시대 秦(진)나라 昭襄王(소양왕)이 齊(제)나라의 귀족 맹상군을 초청했습니다. 맹상군은 초대 선물로 흰 여우 가죽 털로 만든 옷인 狐白毬(호백구)를 선물하였습니다. 그런데 진나라 臣下(신하)들이 맹상군에게 인재가 많다는 것을 알고 맹상군을 죽이려 하였습니다. 목숨을 구하기 위해 맹상군은 소양왕의 愛妾(애첩)에게 살려줄 것을 요청하였지만 애첩은 소양왕에게 바쳤던 것과 똑같은 호백구를 要求(요구)하였습니다. 苦悶(고민)에 빠진 맹상군에게, 좀도둑인 狗盜(구도)가 宮闕(궁궐) 깊숙이 보관해두었던 호백구를 훔쳐가지고 왔습니다. 그도 맹상군의 식객이었습니다. 맹상군은 호백구를 소양왕의 愛妾(애첩)에게 주고 구원을 요청하였습니다. 이에 왕비는 진왕을 구슬려 맹상군을 돌려보내게 하였습니다. 하지만 일행이 진나라 궁궐을 나와 국경 哨所(초소) 函谷關(함곡관)에 닿았을 때는 아직 첫 닭이 울기 전이라 관문의 出入(출입)이 禁止(금지)돼 있었습니다. 이에 맹상군의 또 다른 食客(식객)이 닭 울음소리를 내자 주위의 닭들이 일제히 울기 시작하여, 맹상군은 무사히 살아 돌아갈 수 있었습니다.

☑ 배운 한자 톺아보기

次	입을 벌리고 침 흘리는 사람

資	姿	恣	盜

09
무릎 꿇은 사람

　'마디 卪·卩(절)' 자의 갑골문은 무릎을 꿇고 있는 사람을 본뜬 글자입니다. 무릎을 꿇고 있는 관절 부위를 강조해서 '마디', '무릎 꿇은 사람'을 그렸습니다. 단독으로 사용하지 않고 다른 글자와 조합해서 사용하는 부수 글자입니다.

　'마디 節(절)' 자는 대나무 竹(죽)과 마디 卩(절)과 밥의 의미인 皀(흡)의 조합입니다. 원래 卩(절)이 한자 발전 과정에서 변한 모양입니다. 의미를 강조하기 위해 대나무를 첨가했습니다. 대나무 마디는 같은 모양이 일정한 간격으로 이어지기 때문에, 일정한 규범을 나타내서 '법과 본보기'라는 뜻으로 의미가 확장되었습니다.
　時節(시절), 名節(명절)은 대나무 마디처럼 매년 일정한 시기나 날짜를 나타내며, 節約(절약)은 함부로 사용하지 않고 필요한 만큼 사용한다는 뜻입니다. 節電(절전)도 전기를 끄라는

의미가 아니고 적절하게 사용하라는 의미며, 節次(절차)는 일을 대마디처럼 순서에 따라야 한다는 의미입니다.

卻 卻 却

　'물리칠 卻(각)' 자는 却(각)의 본래 글자며, 갈 去(거)와 무릎 꿇은 사람의 조합입니다. 어른 앞에서 무릎을 꿇고 있다가 물러나오는 데서 의미가 나왔습니다. 윗사람 입장에서 보면 아랫사람을 물러가게 하는 데서 '물리치다'의 의미까지 넓어졌습니다. 소송 등을 받지 않고 물리치는 것을 却下(각하)라 하고, 팔아치우는 것을 賣却(매각)이라 합니다.

　'다리 脚(각)' 자는 인체를 나타내는 月(월)과 물러날 却(각)의 조합입니다. 却(각)에 무릎 꿇은 사람의 모양이 들어 있습니다. 인체 중에 '다리'를 나타냅니다.
　연극 무대에서 다리 쪽에 광선을 비추어 주는 것을 脚光(각광)이라 합니다. 여러 사람들에게 주목을 받는다는 의미입니다. 예전엔 연극할 때 무대에 말을 등장시키려면 번거롭기 때문에 사람이 말의 모형을 쓰고 출현했습니다. 가끔 실수로 말 모형에서 발이 삐져나오는 경우가 있는데, 이를 말다리가 보인다는 뜻으로 馬脚(마각)을 드러낸다고 합니다. 바로 숨겼던 정체를 드러내다는 의미입니다.

어떠한 목적을 가지고 여기저기 돌아다니는 것을 行脚(행각)이라 하고, 본인이 걸어온 지위를 잃는 것을 失脚(실각)이라 합니다. 이처럼 脚(각)에는 행적이라는 의미가 있습니다. 자기가 걸어온 길을 아름답게 위장하기 위해서 색칠하는 것을 脚色(각색)이라하는데, 오늘날 문학 작품을 희곡이나 시나리오처럼 다른 장르로 바꾼다는 의미로 사용합니다. 영화로 찍기 좋게 색칠한다는 의미입니다.

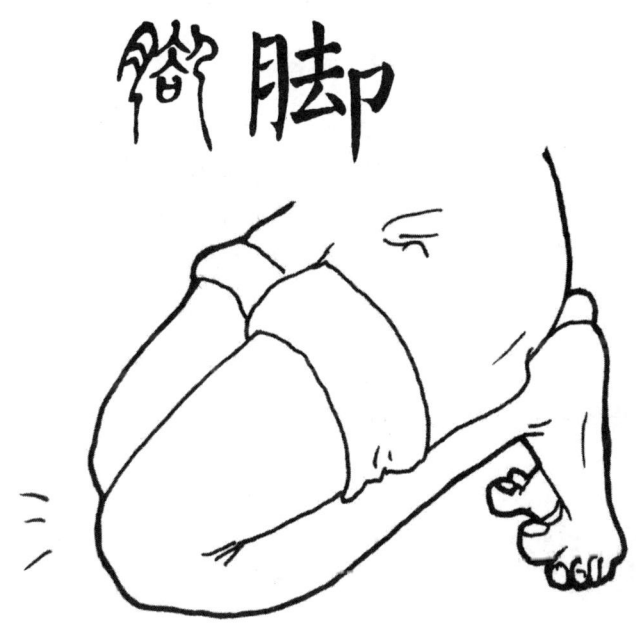

　'곧 卽(즉)' 자는 밥 모양인 皀(흡)과 무릎 꿇은 사람 모양인 卩(절)의 조합입니다. 한자에서 부사는 표현하기가 어려워서 이미 만들어진 의미를 사용하는 경우가 많습니다. 이 글자도 원래는 밥을 먹는 행동을 나타냈으나, 앉아서 바로 밥을 먹는 데서 의미가 나왔습니다.

　바로 그 시각의 의미의 卽刻(즉각), 卽時(즉시)라는 말에는 밥을 먹는 시점의 의미가 내포되어 있습니다. 바로 밥 먹는 자리란 뜻으로 그 자리를 卽席(즉석)이라 합니다.

皀(흡)은 밥 食(식) 자의 뚜껑이 제거된 모양으로, 뚜껑을 벗겨놓은 '밥'의 의미합니다.

節用愛人(절용애인)

마디, 줄일 節(절)·쓸 用(용)·사랑 愛(애)·사람 人(인)의 '節用愛人(절용애인)'은 『論語(논어)』 「學而(학이)」 편에 나옵니다. 공자는 천승의 나라를 다스리려면 일을 공경하고 믿음으로 하며, 쓰기를 절제하고 사람을 사랑하며, 백성을 부리기를 때를 맞추어야 한다고 하였습니다. '천승지국(千乘之國)'은 제후를 뜻합니다. 1승은 전쟁이 일어났을 때 네 필의 말이 끄는 전차 한 대에 30명의 보병이 탄 것을 말합니다. 곧, 3만 명의 보병과 천 대의 마차를 갖고 있는 나라를 다스리는 자가 제후입니다. 이런 천승의 나라를 다스리기 위해서는 다섯 가지를 시행해야 한다고 공자는 말합니다.

다스리는 일을 가혹하게 하지 말 것, 백성들에게 믿음을 줄 것, 물자를 아껴 쓰며 백성을 사랑할 것, 부역은 농사철을 피할 것 등입니다. 이는 지도자가 백성들에게 모범을 보여야 한다는 말입니다. 이렇게 될 때 나라는 밝고 건강하게 운영되며, 백성들도 믿고 따른다는 것입니다.

'윗물이 맑아야 아랫물이 맑다'와 '아래 장작이 잘 타야 위 장작이 잘 탄다'는 우리 속담과도 통합니다. 윗사람은 아랫사람에게 영향을 미치며, 아랫사람이 있음으로써 윗사람도 있습니다. 이 둘은 하나면서도 둘입니다. 節用(절용)은 낭비하지 말고 아끼라는 것입니다. 백성을 위해 써야 할 곳은 쓰되 필요 없는 지출은 줄이라는 말입니다.

☑ 배운 한자 톺아보기

卩	무릎 꿇은 사람

節　却　脚　卽

123

10
씨앗 뿌리는 사람

'성씨 氏(씨)' 자의 갑골문은 상체를 굽히고 어떤 물건을 들고 있는 모양과 허리를 구부리고 일하는 모양입니다. 본래는 손으로 땅에 씨앗을 뿌리고 있는 사람을 형상화했습니다. 이어서 사람이 대상으로 확장되어 '씨족'을 나타내고, 다시 땅에서 '바닥', '밑'이라는 뜻을 내포하게 되었습니다. 氏族(씨족)은 같은 조상을 둔 사람들로 이루어진 조직을 말하며, 같은 성을 가진 사람으로서 촌수를 따질 수 없는 사람을 宗氏(종씨)라 합니다.

'밑 底(저)' 자는 집 广(엄)과 氏(씨)와 一(일)의 조합입니다. 氏(씨) 아래쪽에 선을 그어서 아래쪽을 의미하며, 집안에서 가장 아래인 '밑바닥'을 의미합니다. 밑바닥에 깔려 있는 의미를 底意(저의)라 하고, 속에 간직하고 있는 힘을 底力(저력)이라 하며, 바다 밑을 海底(해저)라고 합니다. 底層(저층)은 바닥 층을 나타낼 때 사용합니다.

氏

庄

底

　'낮을 低(저)' 자는 사람 人(인)과 氏(씨)와 一(일)의 조합입
니다. 사람과 밑바닥의 의미로, 그 사람의 인격이나 지적 수준
이 아주 낮음을 나타냅니다. 앞의 底(저)는 집 广(엄)에서 '집
안의 밑바닥'을, 低(저)는 '수준이 낮다'는 의미를 염두에 두면
혼동하지 않습니다. 수준이 낮아지는 것을 低下(저하)라 하고,
低俗(저속)은 품격이 낮음을 뜻합니다. 또한 접두사로 사용하
는 경우가 많아서 기압이 낮을 때를 低氣壓(저기압)이라 하고,
혈압이 낮을 때는 低血壓(저혈압)이라 합니다.

　'저물 昏(혼)' 자의 갑골문은 고개 숙인 사람 아래쪽에 태양을 더했습니다. 태양이 지평선 아래로 내려가는 시간을 의미합니다. 어두우면 사물을 잘 분간하기 어렵기 때문에 昏亂(혼란)스럽다 하고, 정신이 아찔하여 까무러치는 것을 昏絶(혼절)이라 합니다. 해질녘 들판의 농부들을 상상해보십시오. 이 글자가 보일 것입니다.

婚

'혼인할 婚(혼)' 자는 女(여)와 저물 昏(혼)의 조합입니다. 남녀 혼인은 陰陽(음양)의 만남으로, 고대인들은 음양이 만나는 때인 하루가 저물어가는 시간에 예식을 거행했기에 저물 昏(혼)을 더했습니다.

해가 저물 시간에 예식을 올리려면 가장 먼저 불부터 밝혀야 하므로, 지금도 한낮에 혼인식을 올리더라도 제일 먼저 촛불부터 켜는 이유가 이 같은 옛 풍습에서 유래했음을 알 수 있습니다. 빛낼 華(화)와 촛불을 나타내는 燭(촉)을 사용해서 혼인식을 화촉(華燭)을 밝힌다고 하는 것도 마찬가지입니다.

井底之蛙(정저지와)

『莊子(장자)』는 수많은 동물을 등장시켜 인간 사회를 비유적으로 말하고 있는 寓話集(우화집)이라 할 수 있습니다. 井底之蛙(정저지와)는 우물 속의 개구리와 바다 거북이를 주인공으로 하는 이야기입니다.

우물 바닥에 살고 있는 개구리가 동쪽 바다에서 온 바다 거북이에게 우물 속이 얼마나 크고 넓으며 살기 좋은지 자랑했습니다. 거북이는 우물 속에 들어가보려 했지만 다리조차 집어넣을 수 없었습니다. 자신의 실수를 깨달은 거북이가 개구리에게 말합니다. "네 이놈 개구리야! 네 어찌 우물이 우주만큼 넓고 살기 좋다고 이야기하느냐. 내가 살고 있는 동해 바다는 그 크기가 온 세상을 품고도 남음이 있고, 상상할 수 없는 많은 생명체들을 품고 있는 생명과 삶의 보물 창고다. 그런데 겨우 이런 우물 크기로 세상 모든 이치를 말하며 만족하느냐."

장자는 계속해서 말합니다. '우물 안 개구리에게 바다를 이야기할 수 없는 것은 사는 곳에 구속된 까닭이고, 여름 벌레가 얼음을 말할 수 없는 것은 한 계절에 고정되어 산 까닭이며, 정직하지 못한 선비는 도에 대해서 말할 수 없으니 세속적인 가르침에 구속되어 있기 때문이다. 그러나 당신은 좁은 개울에서 나와 큰 바다를 바라보고 나서 자기가 보잘것없는 존재임을 알았기 때문에 이젠 당신과 함께 천하의 진리를 말할 수 있을 것이다.'

☑ 배운 한자 톺아보기

氏	씨앗을 뿌리는 사람

底	低	昏	婚

11
위치에 따라 변하는 사람 모습

　한자는 다른 글자와 조합할 때 일부분을 생략하거나 변합니다. 이런 모양의 변화는 한자를 이해하는 데 매우 중요한 요소이므로 잘 알아두어야 합니다. 사람(人) 모양도 위쪽에 놓일 때와 아래쪽에 놓일 때가 다릅니다.

위쪽	아래쪽

 이 글자는 사람 人(인)의 변형으로, 단독으로는 사용하지 않습니다. 다른 한자와 조합할 때 위쪽에 위치하며 뜻은 똑같이 사람을 나타냅니다.

　'색깔 色(색)' 자의 갑골문은 사람 人(인)과 무릎 꿇고 앉아 있는 사람인 巴(파)의 조합입니다. 본래는 사람이 사람 위에 올라가 있는 性的(성적)인 이미지입니다. 사람이 흥분하게 되면 얼굴빛이 변하는 데서 색깔이나 안색이라는 뜻으로 확장되었습니다.

　艶(염)은 풍성할 豊(풍)과 색 色(색)의 조합으로 妖艶(요염)하다는 한자어에서 근거를 볼 수 있습니다. 얼굴빛을 顔色(안색)이라 하며, 이런 얼굴빛은 사람마다 각기 다르기 때문에 各色(각색)이라고 합니다.

巴(파)는 무릎 꿇고 앉아 있는 사람을 측면에서 그렸으며, 단독으로 사용할 때는 '꼬리'를 나타냅니다. 셋이 서로 싸우는 것을 '三巴戰(삼파전)'이라고 합니다.

　‘끊을 絕(절)’ 자는 실 糸(사)와 칼 刀(도)와 무릎 꿇고 앉은
사람인 巴(파)의 조합입니다. 뒷부분은 色(색)과 매우 흡사합
니다. 한자가 발전하면서 위쪽의 칼 刀(도)가 사람 人(인)의 형
태로 변하게 되었습니다. 누에 고추에서 뽑아놓은 실 가운데를
자르는 것에서 ‘끊다’는 의미가 나왔으며, 베틀에 걸린 실을 끊
는 행동은 지금까지 해온 일을 포기함을 뜻하는 데에서 ‘그만
두다’, ‘없애다’는 의미가 나왔습니다. 뿌리째 끊어 없애버리는
것을 根絕(근절)이라 하고, 絕對(절대)는 견줄 만한 다른 것이
없음을 말합니다.

'미칠 及(급)' 자는 위쪽의 사람 人(인)과 아래쪽의 손모양 又(우)의 조합입니다. 갑골문을 보면 사람을 뒤쪽에서 손으로 잡는 것에서 본래는 '붙잡다', '따라잡다'의 의미입니다. '따라가서 잡다'에서 어떤 수준에 '도달하다'는 의미까지 넓어졌습니다. 다시 '합격하다'는 의미까지 생겼습니다. 言及(언급)은 말하는 것이 어떤 문제에 미친다는 의미며, 過猶不及(과유불급)은 지나친 것은 미치지 못한 것과 같다는 의미입니다. 及第(급제)는 과거에 합격한 것을 말하고, 波及(파급)은 어떤 일의 여파나 영향이 차차 다른 데로 미친다는 의미입니다.

손 모양은 손의 위치에 따라 여러 가지 형태로 변하는데, 又(우)는 단독으로 쓰일 때 '또', '다시'라는 뜻이며 다른 글자와 조합할 때는 '손'의 의미로 쓰입니다.

　'등급 級(급)' 자는 실크를 나타내는 糸(사)와 도달할 及(급)의 조합입니다. 예전에 실크는 매우 비싼 물건이었습니다. 그래서 상품의 질을 매우 중요하게 여겨서 등급을 나누어 가격을 결정했습니다. 미리 기준 등급을 정해두고 여기에 도달하면 上品(상품), 못 미치면 下品(하품)으로 정한 것에서 의미가 나왔습니다. 高級(고급), 上級(상급)은 비단의 가장 좋은 等級(등급)을 나타내고, 등급이 낮아 어느 수준에 잠시 머물게 하는 것을 留級(유급)이라고 합니다.

'빨 吸(흡)' 자는 입 口(구)와 미칠 及(급)의 조합입니다. 입으로 잡아당긴다는 것에서 '숨 쉬다', '마시다', '빨다'의 의미가 나왔습니다. 빨아서 거둬들이는 것을 吸收(흡수)라 하고, 내 쉬는 숨을 呼(호), 들이쉬는 숨을 吸(흡)이라 합니다. 그래서 呼吸(호흡)이란 내 쉬고 들이 쉬는 숨을 아울러 말합니다.

'급할 急(급)' 자는 及(급)이 위쪽에 놓인 모양과 마음 心(심)의 조합입니다. 앞서가는 사람을 따라잡으려면 마음이 초조하고 애가 탈 것입니다. 여기서 '조급하다', '초조하다'의 의미가 나왔습니다. 일이 매우 중대하고 급한 것을 緊急(긴급)이라고 하고, 일이 급속이 늘어나는 것을 急增(급증)이라 합니다.

又(우)의 경우처럼 손이 변한 모양으로, 사물을 잡을 때 나타내는 '손'을 의미합니다. 한자에서 많이 사용하는 모양이므로 꼭 기억해야 합니다.

‘빠질 陷(함)’ 자의 갑골문은 위쪽에 사람 人(인)과 아래쪽의
웅덩이 모양의 조합입니다. 사람이 함정에 빠지는 모양이며,
현대 한자에 오면서 왼쪽에 언덕을 나타내는 阝(부)를 더해서
의미를 확실하게 했습니다. 언덕에서 사람이 웅덩이로 떨어져
빠지는 모양에서 의미가 나왔습니다. 흠이 있어서 완전하지 못
한 것을 缺陷(결함)이라 하고, 꺼져서 내려앉는 것을 陷沒(함
몰)이라 합니다.

阝(부)는 阜(부)가 부수로 쓰일 때 변하는 모양으로 반드
시 왼쪽에 놓입니다. 반지하식 주거 문화에서의 입구인
‘계단’으로, ‘언덕’과 ‘계단’이란 의미입니다.

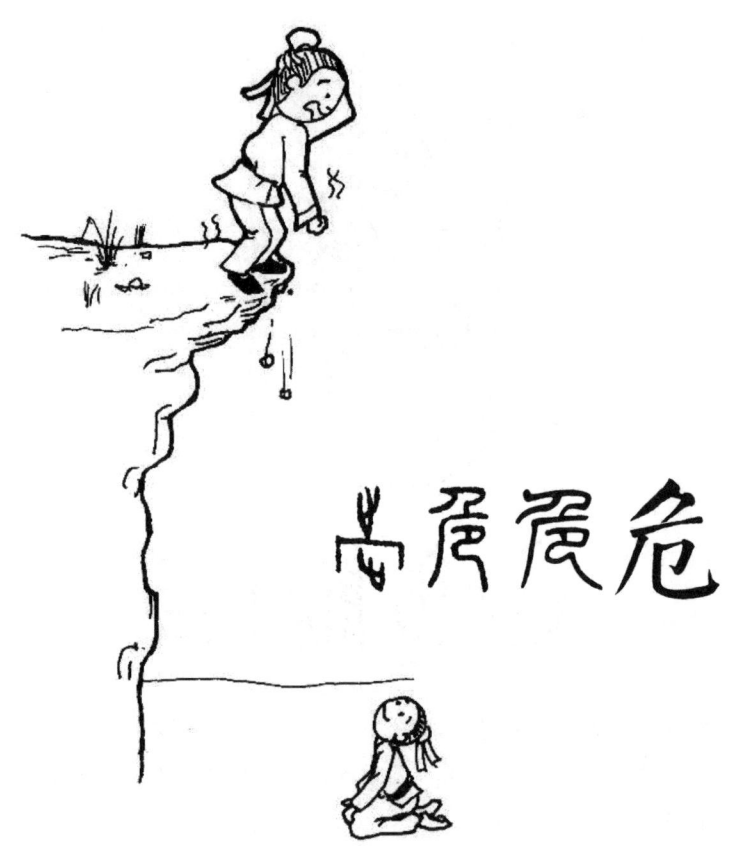

　'위태로울 危(위)' 자의 갑골문을 보면, 언덕으로 올라가는 두 개의 발 모양을 그려놓았습니다. 나중에 나온 전서에서는 언덕을 나타내는 厂(엄) 위에 사람 인(人)과 그 아래 무릎을 꿇은 사람 모양을 합쳐놓았습니다. 예전에는 침식 작용이 심한 낭떠러지는 위쪽이나 아래쪽 모두 매우 위험한 지형이었습니다. 위에 올라간 사람을 나타낼 때는 危(위)로 표시하였고, 아래에 있는 사람은 厄(액)으로 표시했습니다.

'재앙 厄(액)'은 危(위)에서 위쪽의 사람 人(인)만 제거한 형태입니다. 낭떠러지는 시간이 지나면 무너져내립니다. 앞으로 다가올 예측하기 힘든 재앙을 의미한 글자가 '재앙 厄(액)'입니다. 危險(위험)의 險(험) 자 역시 높은 곳의 의미로 안전하지 못한 곳을 말하고, 앞으로 다가올 나쁜 운세를 厄運(액운)이라 합니다.

厂(엄)은 황하의 침식 작용으로 생겨난 언덕을 옆에서 그린 글자로 '낭떠러지'와 '언덕 경작지'를 나타냅니다.

소셜 네트워킹[11]
伯牙絶絃(백아절현)

춘추시대 晉(진)의 유백아(愈伯牙)는 거문고의 達人(달인)이었고 나무꾼인 種子期(종자기)는 절대 음감을 가진 사람이었습니다. 이 둘은 義兄弟(의형제)를 맺었습니다. 그러나 종자기가 죽자 백아는 자신의 음악을 들어줄 親舊(친구)가 없다면서 거문고의 줄을 끊어 버리고 다시는 연주하지 않았습니다. 이후부터 伯牙絶絃(백아절현)이란 말은, 서로 이해하고 인정해주는 절친한 친구의 우정을 말하게 되었습니다.

孔子(공자)의 弟子(제자) 중에 子張(자장)과 子夏(자하)가 있었습니다. 이 두 사람 중에 누가 더 賢明(현명)하냐는 子貢(자공)의 질문에 孔子(공자)는 "자장은 過(과)하고 자하는 不及(불급)"이라고 대답했습니다. "그렇다면 子張(자장)이 더 낫다는 말씀인지요?"라는 자공의 질문에 공자는 "지나친 것은 미치지 못함과 같으니라(過猶不及)"고 하였습니다. 공자에게는 자장이나 자하 둘 다 눈에 차지 않았던 것입니다. 공자가 바라는 것은 지나치지도 않고 그렇다고 부족하지도 않은 人格(인격)인 中庸(중용)의 경지였습니다.

人	위쪽에 있는 사람			
色	絶	及	級	吸
急	陷	危	厄	

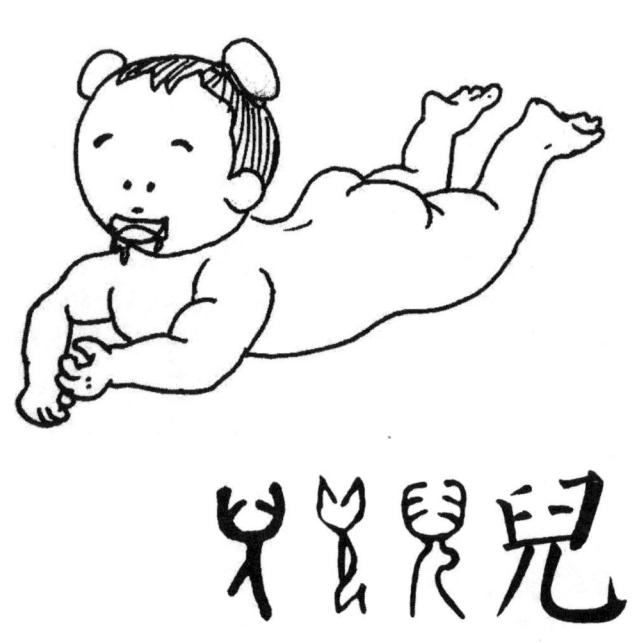

　'아이 兒(아)' 자는 사람 人(인)과 절구 모양 臼(구)의 조합입니다. 사람의 머리를 크게 그리고 거기에 아직 닫혀 있지 않는 머리 숫구멍을 그려서 의미를 나타냈습니다. 어린아이를 兒童(아동)이라 하고 어린아이를 기르는 일을 育兒(육아)라 합니다.

    '으뜸 元(원)' 자는 사람 儿(인) 위에 두 二(이) 모양을 더했습니다. 위쪽의 二(이) 자 모양은 위 上(상)의 갑골문으로, 사람의 위쪽인 머리를 나타냈습니다. 머리는 우리 인체에서 가장 중요한 부분이므로 '으뜸', '처음'이라는 뜻으로 확장되었습니다. 元首(원수)는 머리 首(수)와 함께 높다는 의미를 더욱 강조하여 한 나라를 대표하는 국가의 가장 높은 신분을 나타냅니다.

  '완전할 完(완)' 자는 집을 나타내는 宀(면)과 사람 머리를
나타내는 元(원)의 조합으로, 집으로 들어간다는 의미입니다.
사람은 모든 일을 완전히 마친 뒤에야 집으로 돌아갑니다. 여
기서 '끝내다', '일을 완결짓다'는 의미가 나왔습니다. 完璧(완
벽)은 완전할 完(완)과 구슬 璧(벽)의 구성으로, 본래 완전한
구슬의 의미입니다. 趙(조)나라 惠文王(혜문왕)에게 당대의 가
장 보물인 和氏(화씨)의 구슬이 있었습니다. 신하인 印相如(인
상여)가 지략과 용기로 강대국 秦(진)나라에 빼앗기지 않고 완
벽하게 다시 찾아왔다는 고사에서 '完全無缺(완전무결)하다'는
의미가 나왔습니다.

　'집 院(원)' 자는 언덕을 나타내는 阝(부)와 집 宀(면)과 사람 머리 모양인 元(원)의 조합입니다. 집 담장이 언덕처럼 높아보인다는 것에서 의미가 나왔습니다. 보통 집에 사용하는 글자가 아니고 높은 담장으로 둘러싸인 집에 사용합니다. 이를테면 병을 치료하는 病院(병원), 소송 사건을 심판하는 法院(법원)이나 大法院(대법원), 국가의 모든 일을 감사하는 監査院(감사원), 절이나 기도하는 집인 寺院(사원)처럼 큰 집에 사용합니다. 動物園(동물원)이라고 할 때는 동산 園(원)을 사용합니다. 동물원이 동물을 기르기 위한 넓은 동산임을 강조하기 위해서입니다.

　‘우두머리 兄(형)’ 자는 사람 儿(인)에 입 口(구)를 더했습니다. 고대에서 제사를 주관하고 축원을 드리는 것은 연장자가 담당했습니다. 여기서 본래 ‘축원 드리다’, ‘말하다’의 의미가 나왔으며, 제사를 주관하는 형제들 가운데 가장 연장자인 ‘형’이나 ‘우두머리’를 나타내게 되었습니다.

　다른 글자와 조합할 때는 ‘말하다’는 의미로 기억해야 합니다. 제사지낼 때 읽는 祝文(축문)에서 祝(축)에 兄(형) 자가 포함된 것에서 그 근거를 찾을 수 있습니다. 누가 더 낫다고 할 수 없을 정도로 비슷할 경우를 難兄難弟(난형난제)라 합니다.

  '상황 況(황)' 자는 물 水(수)와 축원 드리는 사람 모양을 나
타내는 兄(형)의 조합입니다. 중국은 황하 유역이 터전이었기
때문에 범람에 관심이 많았습니다. 황하 덕분에 농사를 짓고
살았으므로 수확이 끝나면 제사를 드리면서 항상 황하가 넘치
지 않기를 빌었습니다. 여기서 '상황', '형편', '모양', '하물며'
등의 의미가 나왔습니다. 황하의 현재 상태를 現況(현황)이라
하고, 황하가 흘러가는 형편을 狀況(상황)이라 하고, 황하의
범람으로 인해 농사 작황이 좋지 않은 상태를 不況(불황)이라
합니다.

　'진실로 允(윤)' 자의 갑골문은 고개 숙이고 있는 사람 모양입니다. 고개를 끄덕이면서 상대방의 생각과 같음을 표시했습니다. 여기서 '마땅하다', '진실하다'는 의미가 나왔으며, 다시 '동의하다'는 의미까지 넓어졌습니다. 머리를 움직이는 것에서 '허락하다'는 뜻이 나왔는데, 임금이 신하의 청을 허락하는 것을 允許(윤허)라 하는 데서 근거를 찾을 수 있습니다. 윤허와 같은 말에는 允可(윤가)가 있습니다.

　또한 允當(윤당)의 의미는 마땅하고 타당할 때를 말하고, 允文允武(윤문윤무)는 임금이 문무의 덕을 아울러 갖춤을 칭찬할 때 쓰는 말입니다.

'면할 免(면)' 자의 갑골문은 머리에 모자를 쓰고 있는 사람을 나타냅니다. 현대 한자로 발전하면서 모양이 많이 변했습니다만, 아래쪽의 사람 儿(인)은 남아 있습니다. 투구를 쓰고 전쟁에 나아가면 머리 부상을 면할 수 있다는 데서 '면하다'는 의미가 나왔습니다. 또한 전쟁에서 돌아오면 투구를 벗기 때문에 '벗어나다', '면직되다'는 의미까지 생겨났습니다. 책임을 면해 주는 것을 免責(면책)이라 하고, 전염병에 저항력을 가지는 것을 免疫(면역)이라 합니다. 免(면)은 해산 娩(만)과 더불어 출산과도 관련이 있으며, 임금의 정장에 쓰던 모자인 冕旒冠(면류관)을 나타내는 冕(면)을 보면 투구의 모양이 분명합니다.

‘분만할 娩(만)’ 자는 투구 쓰고 전쟁에 나가는 사람과 계집 女(여)의 조합으로, 남녀가 해야 할 일을 보여주는 글자입니다. 옛날엔 남자가 나라를 지키고 여자가 아이를 낳는 것이 중요한 의무였습니다. 분만(分娩)은 산모와 아이가 나누어지는 것을 나타내서 ‘낳다’는 뜻입니다. 우리나라에서는 아이 낳는 곳을 産婦人科(산부인과)라 하는데, 이는 ‘부인을 낳는 곳’이라는 의미가 되어 잘못된 표현이라 할 수 있습니다. 대체로 중국에서는 婦産科(부산과)라 하고 일본에서는 婦人科(부인과)라 합니다.

晚 晚 晚

　‘저물 晚(만)’ 자는 태양을 나타내는 日(일)과 투구 쓴 사람인 免(면)의 조합입니다. 免(면)은 투구를 벗는 데서 ‘면하다’의 의미로, 여기서는 일을 그만두는 시간을 나타냈습니다.

　예전엔 태양이 져서 어두워지면 하던 일을 그만두어야 했기에, 여기서 ‘저물다’, ‘황혼’의 시간적인 의미가 나왔으며, 다시 ‘늙다’, ‘쇠하다’의 의미까지 확장되었습니다. 저녁 햇빛인 석양을 晚照(만조)라 하고, 늙은 나이를 晚年(만년)이라 합니다.

큰 그릇은 늦게 이루어진다는 大器晚成(대기만성).▼이란 고사성어가 있습니다. 대기만성은 노자의 『道德經(도덕경)』 41장에 나오는 말입니다. 노자의 출생과 사망년도는 자세히 알려져 있지 않습니다. 다만 공자가 그에게 찾아가 가르침을 받았다는 이야기로 봐서 공자와 동시대의 인물이며, 공자보다는 연장자라고 유추할 수 있습니다. 아래의 말처럼, 『도덕경』은 겉으로는 거짓인 것처럼 거꾸로 말하면서 오히려 진실을 말하는 反語法(반어법)의 백미라 할 수 있습니다.

'밝은 도는 어두운 것같이 보이고, 앞으로 나아가는 도는 뒤로 물러가는 것같이 보이고, 평탄한 도는 울퉁불퉁한 것같이 보이고, 뛰어난 덕은 골짜기같이 보이고, 너무 흰 것은 더러운 것같이 보이고, 넓은 덕은 모자라는 것같이 보이고, 곧은 덕은 보잘것없는 것같이 보이고, 참된 실재는 변하는 것같이 보이고, 큰 모퉁이에는 모퉁이가 없고, 큰 그릇은 늦게 이루어지고 (大器晚成), 큰소리는 소리가 없고, 큰 모양에는 형체가 없다. 도는 숨어서 이름이 없다(道隱無名).'

'힘쓸 勉(면)' 자의 갑골문은 모자를 쓴 사람과 쟁기 모양인 力(력)의 조합입니다. 전쟁과 쟁기질은 상당히 힘든 일이며, 생사가 걸린 중요한 일입니다. 전쟁과 농사일을 하듯 행동하라는 데서 '힘쓰다', '강요하다'는 의미가 나왔습니다. 勤勉(근면) 역시 두 글자에 쟁기를 나타내는 力(력)이 있습니다. 농사일하듯이 항상 꾸준하게 힘쓰라는 뜻을 나타냅니다.

▼ 본래 '대기만성'은 '큰 그릇은 너무나 커서 이루어지지 않는다'는 노자의 『도덕경』에 나오는 반어법적인 표현입니다. 그런데 이것을 글자 그대로 해석하면서 '큰 그릇은 늦게 이루어진다'는 뜻으로 해석하고 있습니다.

☑ 배운 한자 톺아보기

儿	아래쪽에 있는 사람
	兒　元　完　院　兄
	況　允　免　晩　娩
	勉

12
마주보고 앉은 사람

　'토끼 卯(묘)' 자는 모양이 같은 글자를 마주보게 놓은 것으로, 단독으로 사용할 때 '十二支(십이지)'의 네 번째인 토끼를 상징하는 의미로 사용하게 되었습니다. 흔히 '토끼 묘'라고 읽는데, 상징성만 있지 본래 의미와는 아무 관련이 없습니다. 다른 글자와 조합할 때는 제사에 쓰이는 희생물을 반으로 갈라 놓은 모양으로 '나누다', '죽다'의 의미로 사용합니다.

　다른 한편으로 갑골문에 마주앉은 사람 모양이 현대 한자에서는 卯(묘)의 형태로 변해 마주앉아 행동하는 의미를 나타냅니다. 예전에 다른 글자가 현대 한자에서 같은 모양으로 변한 경우는 많이 있습니다. 여기에는 抽象性(추상성)을 띠는 한자인 '甲乙丙丁戊己庚申壬癸(갑을병정무기경신임계)'의 天干(천간)과 '子丑寅卯辰巳午未申酉戌亥(자축인묘진사오미신유술해)' 地支(지지)가 대표적입니다. 이 천간과 지지가 합쳐져 동양의 시간인 육십갑자가 나옵니다.

'벼슬 卿(경)' 자는 앞에서 배운 무릎 꿇고 밥을 먹는 卽(즉)의 왼쪽에 꿇어앉아 마주보는 사람을 더했습니다. 갑골문은 두 사람이 서로 마주앉아서 가운데에 밥그릇을 두고 음식을 먹고 있는 형태로, 사람을 맞이하여 술과 음식을 극진히 접대하고 있는 모양입니다. 대접을 받는 사람의 신분에서 '벼슬', '벼슬이름'으로 의미가 넓어졌습니다. 천주교에서 교황의 고문 역할을 하는 사람의 벼슬을 樞機卿(추기경)이라 합니다.

'바꿀 貿(무)' 자는 나눌 卯(묘)와 조개 貝(패)의 조합입니다. 돈으로 물건으로 바꾸는 데서 의미가 나왔으며, 다시 '무역하다'의 의미까지 확장되었습니다. 貿易(무역)은 지방과 지방, 나라와 나라 사이에 물건을 사고팔거나 교환하는 걸 말합니다.

'머물 留(류)' 자는 나눌 卯(묘)와 농토 田(전)의 조합입니다. 금문을 보면 卯(묘)는 저수지와 수로를, 田(전)은 농사짓는 농토를 그렸습니다. 농사를 짓기 위해서는 물을 확보하는 것이 가장 중요한 일이며, 물은 농사가 시작되면 바로 사용하기 때문에 '잠시 머물다'의 의미가 포함되었으며, '머뭇거리다' 의미로 확장되었습니다.

그래서 保留(보류)는 일을 처리하지 않고 미루는 것을 말하지, 전혀 하지 않는다는 뜻은 아닙니다. 여기서 留(류)는 '잠시 동안 머물다'는 의미를 잘 반영한 단어입니다. 抑留(억류)도 끝까지 잡아두는 것이 아니고, 남의 자유를 일정 기간 잡아두는 것을 말합니다. 拘留(구류)는 오랜 시간이 아니라 30일 미만 동안 가둬두는 것을 뜻합니다.

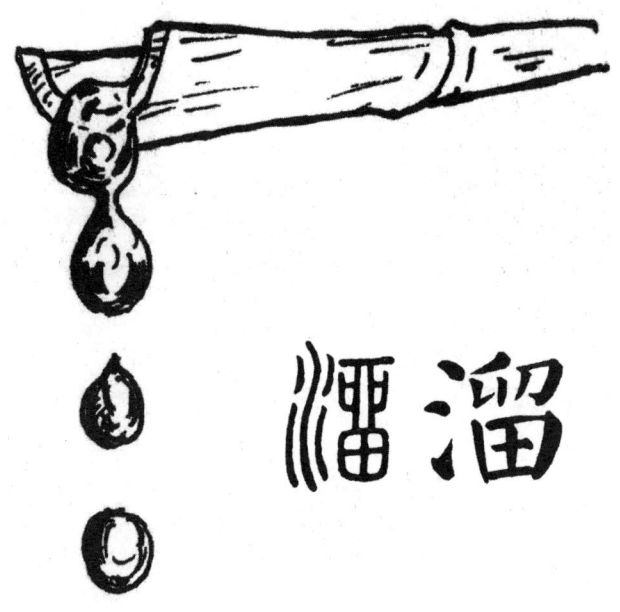

　‘물방울 溜(류)’ 자는 물 水(수)와 머물 留(류)의 조합입니다. 물이 계속해서 흐르지 못하고 가끔씩 머물렀다가 떨어지는 모양을 표현했습니다. 蒸溜(증류)는 열을 가하여 생긴 증기를 식혀서 다시 물방울 모양으로 떨어뜨려 정제 또는 분리하는 일을 말합니다. 精溜(정류)는 液體(액체) 혼합물을 蒸溜(증류)에 의해 각 성분의 증발과 응축을 되풀이하면서 분리의 정밀도를 높이는 일을 말하며, 석유 공업에서 많이 쓰입니다.

　山溜穿石(산류천석)은 산에서 흐르는 물이 바위를 뚫는다는 뜻입니다. 물방울이라도 끊임없이 떨어지면 마지막엔 돌에 구멍을 뚫듯이, 작은 努力(노력)이라도 끈기 있게 계속하면 큰일을 이룰 수 있다는 의미입니다.

　'죽일 劉(류)' 자는 성씨에 주로 쓰는 한자로 흔히 卯(묘)와
金(금)과 刂(도)를 조합했다고 해서 '묘금도 류'라고 합니다. 그
러나 본래는 똑같은 모양으로 나눈 희생물과 쇠와 칼의 의미
가 합쳐진 글자로 '죽이다'는 뜻입니다. 漢(한)나라 始祖(시조)
인 劉邦(유방)의 姓氏(성씨)이기 때문에 본래 의미인 '죽이다'
는 거의 사라졌습니다.

　유방이 항우를 이길 수 있었던 이유는, 유방이 낮은 데로 임
하면서 인재를 중용했던 반면, 명문가 출신이면서 똑똑했던 항
우는 자신의 힘과 능력만을 믿고 신하들과 참모들의 말을 무
시했기 때문입니다.

　신이 인간을 창조하실 때 눈과 귀는 두 개씩 만들고 입은 하
나만 만든 이유는, 보고 듣는 것을 말하는 것보다 두 배로 하라
는 의미가 있다고 합니다.

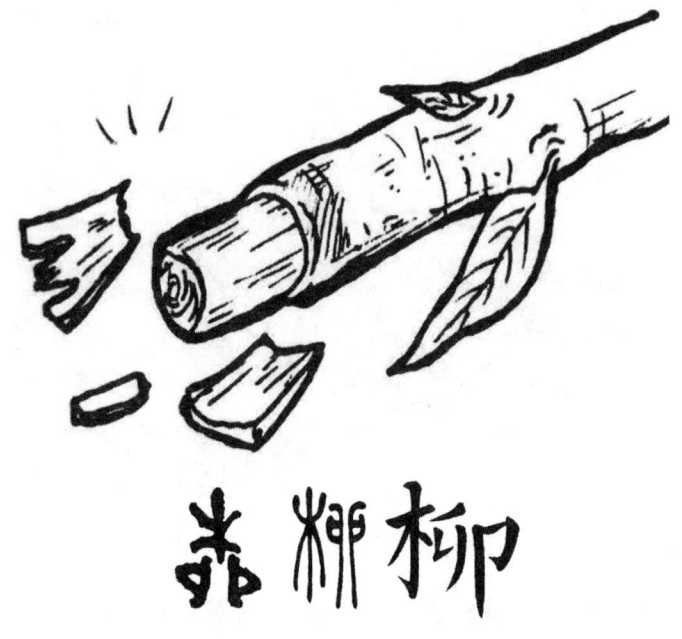

　‘버들 柳(유)’ 자는 나눌 卯(묘)와 나무 木(목)의 조합입니다. 지금은 컴퓨터가 있어서 자연과 더불어 노는 시간이 많지 않지만, 예전에는 버드나무를 꺾어서 버들피리를 만들 불면서 놀았습니다. 이는 버드나무 껍질이 잘 벗겨졌기 때문입니다. 이런 버드나무의 특성 때문에 나눌 卯(묘)를 더했습니다.

　漢詩(한시)에서 버드나무가 나오면 대개 이별이 주제입니다. 버드나무 껍질처럼 서로 헤어지거나 둥근 껍질처럼 다시 만남을 의미하기 때문입니다. 路柳墻花(노류장화)는 길가의 버드나무와 담장의 꽃이라는 뜻으로 ‘기녀’나 ‘술집 여인’을 나타내는데, 예전에 길가에 늘어진 버드나무나 담장의 꽃은 쉽게 꺾을 수 있다는 뜻에서 유래했습니다.

文質彬彬(문질빈빈)

　文章(문장)에서의 文(문)과 章(장)은 모두 사람에게 하나하나 문신을 새기는 데서 유래한 글자입니다. 글을 쓰는 데도 어떤 무늬를 그리듯이 아름답게 엮어가는 것을 의미합니다. 文(문)은 본래 문신을 뜻했기 때문에 가장 원시적인 그림에 가까운 山(산)이나 木(목) 등의 그림 문자를 나타냅니다. 다시 木(목)과 木(목)을 서로 조합 시켜 새로운 수풀 林(림) 같은 글자를 만들었는데, 이런 과정은 마치 집에 아이가 불어나는 것처럼 글자 숫자가 늘어남으로 이를 '字(자)'라 하여 오늘날 文字(문자)라는 단어가 생겼습니다.

　質(질)은 바탕, 꾸미지 않은 본연의 성질, 진실, 순진하다의 뜻을 갖고 있습니다. 그리고 彬(빈)은 햇살 모양의 彡(삼)과 조합하여 숲 사이로 햇살이 들어오는 것을 나타냈습니다. 이것은 극장에서 조명을 받는 모습을 연상해보면 쉽게 알 수 있습니다. '스포트라이트를 받다'는 말과 의미를 상상해보시면 됩니다. 여기에서 '빛나다'는 의미를 가지게 되었으며 이것은 문과 질을 갖춘 훌륭한 모양을 말하게 되었습니다.

　따라서 文質彬彬(문질빈빈)이란 그 무엇인가를 아름답게 표현하려고 출발한 것에서부터 정신적 지성적 가치에까지 도달하는 것을 말합니다. 이것은 素材(소재)의 소박함 충실함을 의미하는 質(질)과 상대되는 개념으로 사용한 文(문)이 조화를 이루어, 나타내고자 하는 바를 효과적으로 표현한 것을 말합니다. 단적으로 '문'과 '질'은 '꾸밈'과 '본질'이라는 개념으로 이해하면 되고, '문질빈빈'이란 이 꾸밈과 본질이 서로 조화를 이루어 지나치지도 부족하지도 않음을 말합니다.

　현대는 정말 너무도 빨리 변합니다. 어제의 신형 컴퓨터와 노트북이 오늘은 구형이 되어버립니다. 오늘의 신형 핸드폰이 내일이면 어느새 구형 핸드폰으로 변하게 됩니다. 사람은 어제와 오늘이 같은 사람인데, 컴퓨터와 노트북은 언제나 새롭게 변합니다. 질은 변함이 없는데 문은 나날이 새롭게 변합니다.

공자는 문질빈빈이라 하여 양자의 造化(조화)를 이상으로 생각하였습니다. 문은 질을 전제로 표현하고 변해야 합니다. 옛것을 익히되 오늘날과 어긋나지 않으며, 현대적인 것을 따르되 그 폐해에 물들지 말아야 합니다. 지혜롭게 산다는 것은 문질빈빈할 수 있는 사람의 모습을 말합니다. 곧 전통성과 현대 감각을 조화롭게 이룬 사람이 아름답고 멋있다고 할 수 있습니다.

☑ 배운 한자 톺아보기

卯	마주보고 앉은 사람				
	卿	貿	留	溜	劉
	柳				

13
선 사람과 무릎 꿇은 사람

'나 卬(앙)' 자는 卯(묘)와 모양이 유사한 글자로, 왼쪽의 사람은 서 있고 오른쪽의 사람은 무릎을 꿇고 앉아 있는 모양으로, '올려본다', '맞이하다'는 의미입니다. 주로 다른 글자와 조합해서 사용합니다.

　‘맞이할 迎(영)’ 자는 서 있는 사람과 무릎 꿇은 사람이 마주
보고 있는 모양인 卬(앙)과 쉬엄쉬엄 갈 辶(착)의 조합입니다.
마중 나가 마주보고 반갑게 맞이하는 데서 의미가 나왔습니다.
직접 찾아가서 무릎을 맞대고 맞아드리는 일을 迎入(영입)이
라 하고, 사람을 맞이하는 것을 迎接(영접)이라 합니다. 아주
기쁘게 사람을 맞는 것을 歡迎(환영)이라 합니다.
　年末(연말)이 되면 가장 많이 사용하는 말은 送舊迎新(송구
영신)입니다. 묵은해를 보내고 새해를 맞는다는 뜻으로, 送(송)
은 ‘보내다’, 舊(구)는 ‘옛것’, 新(신)은 ‘새롭다’는 뜻입니다.

‘우러를 볼 仰(앙)’ 자의 갑골문은 서 있는 사람과 무릎 꿇은 사람의 조합입니다. 시간이 지나면서 사람 人(인)이 첨가되었습니다. 한 사람이 거만하게 서 있고 무릎 꿇은 사람이 올려다보는 모양에서 ‘존경’의 의미까지 포함되어 있습니다. 信仰(신앙) 생활이라고 할 때 신앙은 ‘믿고 받들다’에서 나온 말로 존경의 의미가 내포되어 있습니다. 교회에서 목사가 높은 곳에서 설교하는 모양을 상상하시면 됩니다. 높이 받들어 모시는 것을 推仰(추앙)이라 합니다.

　‘억누를 抑(억)’ 자의 갑골문은 손과 무릎 꿇은 사람의 조합입니다. 현대 한자는 손 手(수)의 부수자와 내려다보고 있는 사람과 무릎 꿇은 사람인 卬(앙)의 형태로, 손을 사용해서 머리를 눌러 무릎을 꿇리는 데서 의미가 나왔습니다. 억눌러서 펴지 못하게 하는 것을 抑制(억제)라 하는데, 갑골문을 보면 이해하기 쉬운 한자어입니다.

　'찍을 印(인)' 자의 갑골문은 抑(억)과 같을 뿐 아니라 본래 글자이지만, 지금은 서로 다른 의미로 '찍다', '도장'이라는 뜻입니다. 큰손과 무릎 꿇은 사람의 조합으로, 손으로 아래쪽을 강하게 누르고 있는 모양입니다. 도장을 나타내는 印(인)으로 사용하게 되었는데, 도장을 찍을 때 아래쪽으로 누르는 동작 때문에 그렇습니다. 印刷(인쇄)는 잉크로 글이나 그림 등을 종이나 천 따위에 찍어내는 일을 말합니다. 烙印(낙인)에서 烙(낙)은 '불로 지지다'는 의미입니다. 불에 달구어 찍는 도장을 나타내며, 이런 도장은 지워지지 않기 때문에 씻기 어려운 불명예스러운 이름을 나타낼 때 사용합니다. 印象(인상)은 어떤 대상을 보거나 들었을 때 그 느낌을 말하며, 마음속에 확 찍히는 느낌을 연상하면 됩니다.

抑弱扶强(억약부강)

抑弱扶强(억약부강)은 약자를 억압하고 강자를 도와준다는 의미입니다. 이는 강자에게는 약하고 약자에게는 강한 모습을 보이는 권력을 속성을 비판할 때 사용하는 말입니다. 권력은 사람과 조직 그리고 그 조직의 권위에서 나옵니다. 민주주의 사회에서 태초의 권력은 국민에게 있습니다. 국민으로부터 모든 권력이 나옵니다. 국민은 투표를 통하여 자신의 권력을 위임합니다. 그들이 바로 구의회 의원-시의회 의원-국회의원, 구청장-시장-도지사-대통령 등입니다. 이들은 모두 국민을 위한 봉사자입니다. 왜냐하면 국민이 자신의 이익과 권리를 대표해서 일하라고 뽑아준 것이니까요. 그런데 이들이 모두 初發心(초발심), 곧 국민의 뜻을 대변하고 그 뜻을 관철시키겠다는 첫 마음을 잃어버리고 자신들의 지속적인 권력 유지를 위해 모색하고 제도적 장치를 만들려고 합니다. 이럴 때 사용하는 말이 抑弱扶强(억약부강)입니다.

이와는 달리 강한 자의 힘을 정의롭게 사용할 수 있도록 견제하고, 약한 자의 힘을 돋우어 神明(신명)나게 살도록 도와주는 것을 抑强扶弱(억강부약)이라 합니다. 강자에게는 약하고 약자에게는 강한 밀림의 법칙인 弱肉强食(약육강식)만이 판을 치는 세상이라면 이는 인간 세상이라고 할 수 없습니다. 강자를 정의롭게 행동할 수밖에 없도록 만들고, 약자에게는 삶의 유지를 위한 최대한의 배려가 모색되고 제공되는 抑强扶弱(억강부약)의 세상이 사람다운 사람이 살 수 있는 세상입니다.

영국의 철학자 칼 포퍼는 공산주의에 대해 "젊어서 마르크스주의자가 되어보지 않은 자는 바보요, 나이가 들어서도 마르크스주의자로 남아 있는 자는 더 바보다"는 말을 했습니다. 마르크스는 능력에 따라 일하고 필요에 따라 배분받는 공산 사회를 주창한 경제학자이자 철학자입니다. 문자와 도구 그리고 사회적 활동을 통해 인간의 지식은 급속하게 증가했고, 이에 따라 인간의 생산력 또한 급격하게 증가하였습니다. 이 같은 생산력이라면 세계인 모두 기아와 질병에 고통 받지 않고 살 수 있습니다. 그런데 인간들은 내 국가, 내 사회, 내 가정만 생각하려는 이기심으로 인해 끊임없는 투쟁과 전쟁으로 고통을 받으며 살고 있습니다. 마르크스가 주장한 이상 사회는 共産主義(공산주의) 사회입니다. 그 핵심 주장은 '능력에 따라 생산하고 필요에 따라 소비한다'입니다. 인간들의 생산력은 마르크스가 공산당 선언을 주장했던 1848년에 비해 약 1000배나 늘어났다고 합니다. 이 생산력이면 전 세계인들이 만족스럽게 먹고 살 수 있습니다. 능력에 따라 생산하고 필요에 따라 소비하면, 전 세계인이 모두 행복하게 살 수 있다는 뜻입니다. 과연 抑弱扶强(억약부강)이 아닌 抑强扶弱(억강부약)할 수 있는 사회, 약한 자에게 힘을 주고 강한 자에게는 바르게 살도록 할 수 있는 사회 건설은 모든 사람이 바라는, 정녕 불가능한 이상 사회일까요?

☑ 배운 한자 톺아보기

卬	서 있는 사람과 무릎 꿇은 사람
迎　仰　抑　印	

14
등진 사람

　'북녘 北(북)' 자의 갑골문을 보면 두 사람이 서로 등지고 있는 모습으로, 본래는 등을 나타내는 '배'로 읽었습니다. 남쪽에 따뜻한 태양이 항상 떠 있어서 태양의 상징인 임금은 남쪽을 보고 앉았습니다. 이를 南面(남면)이라 하는데, 이때 임금의 등이 북쪽을 향하고 있는 데서 북쪽의 의미로 빌려 사용하게 되었습니다. 한자는 그림이기 때문에, 추상적인 의미엔 흔히 이렇게 관련된 한자를 빌려 사용하게 되었습니다. 이 때문에 새로 背(배)를 만들어서 '등'을 나타내게 되었습니다. 서로 싸우다 등을 보이고 도망하는 경우를 敗北(패배)라 하는데, 여기에서 아직 '등'의 의미와 '배'로 읽는 흔적이 남아 있습니다.

　'등 背(배)' 자는, 北(북)이 북쪽을 나타내게 되자 고기와 달을 나타내는 月(월)을 더해 새로 '등'을 나타낼 필요에 따라 생겨난 글자입니다. 月(월)은 대부분 고기를 나타내고 그 가운데

서도 우리 인체를 지칭할 때 주로 사용합니다. 더 이상 물러설
곳이 없을 때 물을 등지고 진을 친 것을 背水陣(배수진)이라
합니다.

'어그러질 乖(괴)' 자의 갑골문은 가운데 사슴뿔이 두 갈래로 갈라져 있는 모습과 양쪽에 서로 등을 돌린 모양의 조합입니다. 현대 한자에서는 두 사람이 등을 돌리고 있는 모양이 뚜렷한데, 여기서 '단절되다', '배반하다'의 의미까지 확장되었습니다. 서로 등지고 떨어지는 것을 乖離(괴리)라 합니다.

　자신의 이익에 따라 흩어지고 모이는 離合集散(이합집산)이 판을 치는 게 사회 관계이고 국가 관계인 현대 사회에서 사람 사이에 지켜야 할 도리인 禮(예)와 정의인 義(의)를 강조한 孔子(공자)의 사상이 다시금 떠오르는 세월입니다.

　‘올라갈 乘(승)’ 자의 갑골문은 나무 위에 사람이 올라가 있는 모양에서 의미가 나왔습니다. 고대 중국에서는 짐승과 홍수의 피해로부터 피하고자 나무 위에서 사는 사람들이 많았습니다. 여기서 ‘타다’, ‘오르다’의 의미가 나왔습니다. 차를 타고 있는 사람을 乘客(승객)이라고 하고, 편의를 얻어서 남의 차를 같이 타고 가는 것을 便乘(편승)이라 합니다. 또 나무 위의 주거 형태를 둥지 巢(소)를 사용해서 巢居(소거)라 합니다.

국어사전에서 '北面(북면)하다'를 찾으면, 스승 앞에서 앉는 제자의 모습이라며 제자가 됨을 나타내고 있습니다. 또는 신하로서 임금을 섬기는 자리를 말합니다. 결국 북면이란 얼굴을 북쪽으로 향한다는 말로서, 스승이나 임금이 북쪽에 있음을 나타냅니다.

일반적으로 북쪽으로 올라간다는 北上(북상)과 남쪽으로 내려온다는 南下(남하)라는 표현은 있어도 북쪽으로 내려간다는 北下(북하)라는 말과 남쪽으로 올라간다는 南上(남상)은 없습니다. 이는 북쪽이 남쪽보다 위에 있기 때문입니다. 왜 북쪽이 남쪽보다 높은 곳을 의미하냐고 물을 때 地圖(지도)에서 북쪽이 남쪽 위에 있기 때문이라고 말합니다. 하지만 북쪽이 남쪽보다 높다는 생각은 수천 년 전부터 있어왔던 중국과 우리 조상들이 方位(방위)에 갖고 있었던 인식에서 출발합니다.

동양 사상에서 동쪽은 봄을 나타내고 청색을 의미하며 자라나는 나무(木)를 대표하는 방향이었습니다. 남쪽은 여름을 나타내고 적색을 의미하며 자연에서는 불(火)을 상징하였습니다. 서쪽은 가을을 나타내며 흰색을 상징하며 五行(오행)에서는 쇠(金)를 나타냈습니다. 그리고 북쪽은 겨울을 나타내고 흑색을 상징하며 오행에서는 물(水)을 의미합니다. 끝으로 정중앙의 가운데 방위는 황색을 상징하며 오행에서는 흙(土)을 나타냅니다.

모든 생명을 살리고 기르는 남쪽이 북쪽보다 더 높고 귀히 대접받아야 할 텐데, 어찌하여 북쪽이 남쪽보다 더 尊貴(존귀)한 방향으로 인식되었을까요? 이는 古代(고대)의 천문 觀念(관념)에서 나왔습니다. 옛 사람들은 뭇별이 하나의 北極星(북극성)을 떠받들며 그 북극성을 중심으로 運行(운행)한다고 보았습니다. 이것은 모든 백성들이 하나의 王(왕)을 떠받드는 모습과도 같았습니다. 여기에서 북극성은 萬人之上(만인지상)의 천자를 상징하게 되었고, 그 위치가 북쪽에 있었으므로 北方(북방) 역시 천자의 方位(방위)로 여겼던 것입니다. 이 때문에 宮闕(궁궐)은 반드시 도읍의 북쪽에 위치해 남쪽을 향하도록 지었으며, 천자 역시 항상 북쪽에서 남쪽을 향해 앉았습니다. 그래서 얼굴을 남으로 향한다는 남면은 천자의 자리이고, 북면은 臣下(신하)의 자리를 뜻하는 말이 되었습니다. 이처럼 南北의 上下 關係(상하 관계)가 確然(확연)히 區別(구별)되었으므로 北上(북상)과 南下(남하)라는 말이 있게 되었습니다. '태풍(颱風)이 北上(북상)한다'면 반갑지 않은 날씨를 의미합니다. 왜냐하면 임금의 자리를 침범한다는 의미이기 때문입니다.

☑ 배운 한자 톺아보기

北	등진 사람
	背　乖　乘

　'견줄 比(비)' 자는 두 사람이 함께 잠자는 모습을 측면에서
그린 글자입니다. 형제들끼리 한 방에서 잠자기 때문에 '형제',
'가까이 하다'가 본래의 의미입니다. 예나 지금이나 부모 입장
에서는 형과 동생들을 비교합니다. 여기서 '비교하다', '견주다'
는 의미가 나왔으며, 형을 본받기를 바라는 마음에서 '본받다',

'따르다'는 의미까지 넓어졌습니다. 둘 이상을 견주어보는 것을 比較(비교)라 하고, 比重(비중)은 어떤 사물에 견주어지는 사물의 중요성을 의미합니다. 빗살처럼 줄지어 **빽빽**하게 늘어서 있는 모양을 櫛比(즐비)라 하는데, 櫛(즐)은 머리빗을 나타냅니다. 이는 빗살이 마치 형제들처럼 비슷비슷한 크기로 가지런히 서 있는 모습을 상징하여 나타낸 한자어입니다.

　'칠 批(비)' 자는 손 手(수)와 比(비)의 조합입니다. 이는 형제들이 한곳에서 같이 자기 때문에 比(비)에는 형제들이라는 의미가 있습니다. 같은 곳에서 생활하는 형제들의 손을 나타냈으며, 여기서 어린 형제들이 생활하면서 서로 싸우는 데에서 '치다', '비판하다'의 의미가 나왔습니다. 옳고 그름을 말하는 것을 批評(비평)이라 하고, 비평하여 판정하는 것을 批判(비판)이라 합니다.

　‘모두 皆(개)’ 자는 형제들을 나타내는 比(비)와 아래쪽에 白
(백)을 더했습니다. 白(백)은 여러 가지 의견이 있으나 금문을
보면 일정한 장소를 나타내는 부호로, 형제들이 함께 가는 모
양에서 ‘함께 행동하다’, ‘모두’의 의미가 나왔습니다. 하루도
빠지지 않고 직장이나 학교에 나가는 것을 皆勤(개근)이라 합
니다. 우리의 명산 金剛山(금강산)은 봄의 이름입니다. 금강산
은 여름에는 蓬萊山(봉래산), 가을에는 楓嶽山(풍악산), 겨울
에는 皆骨山(개골산)으로 부릅니다. 皆骨山(개골산)은 겨울에
잎이 모두 떨어져 바위가 그대로 드러나면서 ‘온통 뼈만 보이
는 산’이라는 의미입니다.

'함께 偕(해)' 자는 사람 人(인)과 모두 皆(개)가 합쳐진 글자입니다. 사람 人(인)을 더해서 사람의 행동을 구체적으로 설명한 데서 의미가 나왔습니다. 헤어지지 말고 영원히 함께하는 것을 百年偕老(백년해로)라고 합니다. '여럿이 함께'라는 공동의 작업은 공동체의 단합을 강조한 말입니다. 한 사람의 열 걸음은 인류의 진보를 가져오기도 하지만, 아이디어를 실천하고 구체화하는 것은 인류 모두의 힘을 통해서입니다. 이런 면에서 역사는 한 명의 영웅이 만드는 게 아니라 민중이 역사를 만든다고 할 수 있습니다.

　'층계 階(계)' 자는 언덕 부(ß)와 형제의 의미를 내포한 皆 (개)가 조합한 글자입니다. 나이 차이가 나는 형제들처럼 점점 높게 쌓아놓은 모양에서 '언덕', '계단'이란 의미가 나왔습니다. 다시 층계를 올라간다는 의미에서 '등급', '거쳐 가는 길'의 뜻 으로 확장되었습니다. 階級(계급)은 계단처럼 신분 등급이 매 겨진 사회적 지위를 나타냅니다. 층층계라는 뜻의 階段(계단) 에도 쓰입니다. 사회 속에서 사회적(社會的) 평가나 위신의 대 소(大小), 특권의 유무 혹은 직업, 교육, 거주 지역 등을 지표로 비교하여 구별시키는 인간 집단을 社會 階層(사회 계층)이라 합니다.

'맏 昆(곤)' 자는 위쪽에 태양을 나타내는 日(일)과 형제를 의미하는 比(비)의 조합 글자입니다. 본래는 서로 함께 자는 모양에서 '섞이다'는 의미였습니다. 형제가 섞여 있어도 형은 밝은 태양처럼 드러난다 해서 제일 나이가 많은 우두머리를 나타내게 되었습니다. 벌레를 昆蟲(곤충)이라 하는데, 갑골문을 보면 昆(곤)의 日(일)은 몸체, 比(비)는 많은 다리 모양과 유사합니다. 여기서 벌레라는 의미로 사용하게 되었으나, 벌레 蟲(충)을 주로 사용하게 되있습니다. 벌레들도 살고자 하는 의지가 있는 생명체이기 때문에, 사람들과 함께 삽니다. 벌레와 벌레 같은 사람들을 없애는 가장 효과적인 방법은 청결입니다.

　'섞일 混(혼)' 자는 물 水(수)와 형제들이 함께 자는 모양인 昆(곤)의 조합입니다. 크고 작은 물줄기들이 한곳에서 만나 섞인다는 데에서 의미가 나왔습니다. 여러 사람들이 뒤섞여 자는 것을 混宿(혼숙)이라 하는 데서 근거를 찾을 수 있습니다. 선이 서로 섞이는 것을 混線(혼선)이라 하고, 물이 섞여 흐려지는 것을 混濁(혼탁)이라 합니다.

　混亂(혼란)은 뒤죽박죽되어 어지럽고 질서가 없음을 나타냅니다. 混沌(혼돈)은 마구 뒤섞여 있어 갈피를 잡을 수 없는 상태를 말합니다. 그리고 동서양의 신화는 '태초에 혼돈이 있었다'고 말을 하는데, 여기서 혼돈이란 하늘과 땅이 아직 나누어지기 전의 상태를 말합니다.

混沌(혼돈)의 죽음

사람의 얼굴에는 몇 개의 구멍이 있을까요? 美人(미인)과 美男(미남)은 어떤 기준으로 구분할까요? 사람들이 억지로 행하는 판단과 기준을 嘲弄(조롱)하며 자연에 따라 살라고 주장하는 글이 『莊子(장자)』에 나옵니다.

남해의 왕을 儵(숙), 북해의 왕을 忽(홀)이라 일컬었다. 중앙의 왕은 混沌(혼돈)이라 했다. 때때로 숙과 홀은 중앙의 혼돈의 땅에서 서로를 만났는데 혼돈은 매우 잘 대해줬다. 이에 숙과 홀은 혼돈의 덕을 갚기 위해 논의했는데 말하기를, "사람들은 모두 일곱 개의 구멍이 있어 보고 듣고 숨 쉴 수 있으나 혼돈만이 없으니 이를 뚫어주자."
숙과 홀은 서둘러 釘(정)과 망치를 구해와서 혼돈의 얼굴에다 하루 한 구멍씩 뚫기 시작하였다. 그리하여 아름다운 색깔을 볼 수 있는 눈을 만들고, 좋은 음악을 들을 수 있는 귀를 만들고, 숨 쉬는 콧구멍을 만들고, 음식을 먹는 입을 뚫어갔다. 그런데 마지막 구멍인 입을 뚫는 7일째가 되는 날, 입이 완성되자 웬 일인지 혼돈은 그만 죽고 말았다

장미꽃이 예쁘다고 花壇(화단)에 장미꽃만 심어서는 안 됩니다. 자연 속에서는 美醜(미추)의 구별과 善惡(선악)의 구분이 필요 없습니다. 莊子(장자)는 老子(노자)의 사상을 이어받은 사람으로서, 노자 역시 우리에게 "무엇이든 억지로 하지 말라. 억지로 하지 않는 것이 참 진리에 접근하는 길이다"라고 했습니다.
서양의 철학자 루소는 태초의 자연 상태의 인간은 불평등이 없었고, 인간이 행복하게 살려면 자연에 따른 삶이라며, "자연으로 돌아가라"고 외쳤습니다. 이 말은 억지로 무엇을 하지 말고 자연의 이치에 따르라는 말입니다. 우리는 종종 무엇인가를 억지로 하려는 데서 많은 그르침을 저지르며 억지로 하려는 데서 온갖 不正(부정)이 생깁니다.

물이 흐르는 자연의 이치를 나타낸 글자가 法(법) 자입니다. 이 法(법)이 억지로 만들어지면서 전과자가 생겼고, 억지로 돈을 벌려는 데서 도둑과 강도가 생기고, 억지로 남에게 잘 보이려는 데서 형식과 오만과 蠻勇(만용)이 생기고 사치와 허영과 거짓이 생겨납니다.

노자의 無爲(무위)는 무언가 억지로 하는 人爲(인위)와 상대적인 말입니다. 인간들이 억지로 무언가를 하는 모든 행동을 없애자는 것이 노자의 무위(無爲)입니다. 세상에 저절로 이루어지는 우주의 질서나 스스로 존재하는 그러한 自然(자연)을 말합니다. 자연의 반대 개념은 人工(인공)입니다. 인공은 사람이 하는 모든 일을 말합니다.

너무나 많은 인공적인 일들로 인해서 자연은 지금 죽어가고 있습니다. 자연을 살리는 길은 자연에게 그대로 맡기는 것이 제일 빠르다고 장자와 노자는 말하고 있습니다. 오늘날처럼 곳곳에서 환경 오염과 환경 파괴가 늘어만 가는 때에 無爲自然(무위자연)의 삶은 더욱 소중하게 다가옵니다.

☑ 배운 한자 톺아보기

比	형제들			
批	皆	偕	階	昆
混				

16
뒤집힌 사람과 바로선 사람

'변할 化(화)' 자의 갑골문은 왼쪽에는 바르게 선 사람을 그리고 오른쪽에는 넘어진 사람을 그렸습니다. 이것은 바르게 서 있는 사람의 자세가 변한 것을 나타냈으며, 여기서 '고쳐지다', '모양이 바뀌다'는 의미가 나왔습니다. 나빠지는 것을 惡化(악화)라 하고, 점점 깊어짐을 深化(심화)라 하며, 점점 앞으로 나아가는 것을 進化(진화)라 합니다. 橘化爲枳(귤화위지)는 강남의 귤을 강북에 심으면 탱자가 된다는 뜻으로, 사람도 환경에 따라 기질이 변한다는 말입니다. 橘(귤)은 귤, 枳(지)는 탱자나무를 나타냅니다. 變化(변화)에서 變(변)은 모양이나 형태가 바뀌는 것을 말하고, 化(화)는 화학적 성분마저도 바뀌는 것을 말합니다. 이 변화의 차이를 알기 위해 물리적 변화와 화학적 변화를 살펴보겠습니다.

사람은 배가 고프면 에너지를 충전하기 위해 식사를 합니다. 섭취한 음식물이 몸 안에서 소화되고 분해되는 과정은 화

　학적 변화라 할 수 있습니다. 몸속에서 소화되고 분해되는
건 음식물의 물질 분자 결합이나 원자의 전자 구조가 바뀌었
기 때문입니다. 결국 음식물들의 형태가 몸이 흡수할 수 있는
형태로 바뀌게 되므로 소화와 분해는 화학적 변화라 합니다.
이에 비해 물리적 변화는 단순하게 겉모양이 바뀌는 것을 말
합니다. 물이 수증기인 기체와 액체, 얼음인 기체로 바뀌는 것
을 물리적 변화라 합니다. 또한 사람이 본래의 모습을 알아볼
수 없도록 옷차림이나 얼굴, 머리 모양을 다르게 바꾸는 變裝
(변장)도 물리적 변화라 할 수 있습니다.

　찰흙으로 항아리를 만든다고 상상해보면, 먼저 찰흙을 반죽
해서 틀에 돌려 항아리 모양으로 만듭니다. 이건 찰흙의 모양
이 바뀐 물리적 변화입니다. 항아리 모양의 찰흙을 불에 구워
단단한 옹기를 만들면 화학적 변화라 할 수 있습니다. 물리적

변화로 만들어진 항아리도 결국 성질은 찰흙입니다. 하지만 찰흙이 불에 구워지면서 흙 분자끼리 결합이라든지 다른 분자 구조가 엮인다든지 하는 변화가 일어나면서 흙하고 전혀 다른 성질의 옹기가 만들어졌을 때는 화학적 변화입니다.

 '꽃 花(화)' 자는 후세에 만들어져 갑골문에는 없는 글자며, 풀 ++(초)와 바뀔 化(화)의 조합입니다. 풀이 솟아나 변화하는 과정에서 꽃이 된다는 데에서 의미가 나왔습니다. 꽃이 피는 풀이나 나무를 花草(화초)라 합니다.

'재물 貨(화)' 자는 바꿀 化(화)와 돈을 나타내는 조개 貝(패)의 조합입니다. 돈으로 바꾸어진 물건인 '재물'이나 '물품'을 나타냈습니다. 운반할 수 있는 모든 물품을 貨物(화물)이라 하는 데서 근거를 찾을 수 있습니다.

　'잘못될 訛(와)' 자는 말씀 言(언)과 바뀔 化(화)의 조합으로, 말이 전달하는 과정을 거치면서 잘못 전달되기 쉬운 데에서 '거짓되다', '속이다'의 의미가 나왔습니다. 본래의 뜻이나 내용이 잘못 전달된 것을 訛傳(와전)이라 합니다.

☑ 배운 한자 톺아보기

化	뒤집힌 사람과 바로선 사람		
	花	貨	訛

無爲而化(무위이화)

노자는 『道德經(도덕경)』에서 백성들 다스리기를 無爲而化(무위이화)하라고 말합니다. 일반적으로 통치자는 자신이 사회의 특수한 인물이라고 생각합니다. 그리고 자신만이 옳고 똑똑하다고 생각합니다. 그래서 자신의 뜻대로 여러 가지 규칙과 법령을 만들어 함부로 시행합니다. "아무것도 하지 않고 훌륭한 정치를 한 사람은 순임금일 것이다. 무엇을 하였는가? 자기를 공손히 하고 똑바로 남쪽을 향해 있었을 뿐이다"라고 孔子(공자)는 말합니다.

다음은 노자 『道德經(도덕경)』 제57장의 내용입니다.

나라를 다스릴 때는 올바름으로 다스리며, 전쟁에 임할 때는 기발한 책략으로 군사를 움직이며, 세상을 얻기 위해서는 '함이 없음(無爲)'을 실천하십시오. 이 같은 일을 내가 어떻게 아는 줄 압니까? 다음과 같은 사실 때문입니다.

세상에 금하고 가리는 것이 많을수록 사람은 더욱 가난해지고, 사람 사이에 날카로운 무기가 많을수록 나라는 더욱 혼미해지며, 사람 사이에 잔꾀가 많을수록 괴상한 물건이 더욱 많아지고, 법이나 명령이 요란할수록 도둑이 더욱 많아집니다.

내가 억지로 일하지 않으므로 백성이 스스로 바뀌고(無爲而民自化), 내가 고요를 좋아하므로 백성이 스스로 바르게 되고, 내가 일을 꾸미지 않으므로 백성이 스스로 재물이 많아 넉넉하게 되고, 내가 욕심을 내지 않으므로 백성이 저절로 순박해집니다.

17
사람들

　'앉을 坐(좌)' 자의 갑골문은 돗자리를 깔고 앉아 있는 사람을 그렸습니다. 나중에 오면서 돗자리를 생략하고 사람 人(인) 두 개와 흙 土(토)의 조합으로, 흙 위에 앉아 있는 모양으로 바뀌었습니다. 고대 중국에서 가벼운 죄를 범한 사람을 관청 밖에 앉아 있게 해서 많은 사람들이 보도록 했습니다. 여기서 '죄를 주다'는 의미까지 넓어졌습니다. 한 사람이 죄를 범하면 가족이나 친지, 마을 사람들까지 함께 처벌받게 하는 것을 連坐制(연좌제)라 합니다.

　'좌석 座(좌)' 자는 집을 나타내는 广(엄)과 앉을 坐(좌)의 조합입니다. 坐(좌)는 집 밖에, 座(좌)는 집안 앉는 경우입니다. 중국 사람들은 집안에서 앉는 위치를 매우 중시해서 '자리'라는 의미까지 넓어졌습니다. 앉는 자리를 座席(좌석)이라 하고, 가르침의 본보기로 삼는 문구를 座右銘(좌우명)이라 합니다.

坐

座

挫

'꺾을 挫(좌)' 자는 손 扌(수)와 앉을 坐(좌)의 조합으로, 죄를 지은 사람을 손으로 굴복을 시키는 데서 '꺾다', '묶다'의 의미가 나왔습니다. 죄를 지은 사람을 많은 사람들이 모인 광장에 앉혀놓은 데서 '창피를 주다', '손상시키다'로 의미가 넓어졌습니다. 영화나 드라마에서 죽은 사람을 檢屍(검시)할 때 '挫傷(좌상)을 입었다'는 대화가 많이 나옵니다. 여기서 挫傷(좌상)은 외부로부터 둔기로 맞아 피부 표면에는 손상이 없으나 내부 조직이나 내장이 다쳤다는 의미입니다. 눈으로는 알 수 없기 때문에 해부를 해봐야 알 수 있는 상처입니다. 마음이나 기운이 꺾이는 것을 挫折(좌절)이라 합니다.

　‘따를 從(종)’ 자의 갑골문은 앞에 한 사람과 뒤에 한 사람을
그렸습니다. 한 사람이 앞서가고 다른 사람이 뒤를 따라가는
데에서 의미가 나왔습니다. 한자가 발전하면서 왼쪽에 조금씩
걸을 彳(척)과 아래쪽에 발 모양을 첨가해서 의미를 확실하게
했습니다. 현대 중국어에서는 갑골문을 취해서 사람 人(인) 두
개로 간략화해서 사용합니다. 본래 의미가 ‘뒤따르다’, ‘동행하
다’에서 다시 ‘順從(순종)’의 의미로 확장되었습니다. 從心(종
심)은 공자가 70세가 되어 마음대로 행동하여도 도리에 어긋
나지 않았다고 한 데서 나온 말로 ‘70세’를 의미합니다.

　‘무리 衆(중)’ 자는 눈 目(목)의 변형과 사람 人(인) 세 개를 합친 글자입니다. 갑골문은 위쪽에 태양을 나타내는 日(일)과 세 사람의 모양을 그렸습니다. 태양이 내리쬐는 날 많은 사람이 밭에 나가 농사일을 하는 모양을 나타냈습니다. 글자가 발전하면서 다시 날 日(일)이 눈 目(목)을 옆으로 놓은 모양으로 바뀌었습니다. 농사일하는 것에서 ‘서민’, ‘백성’, ‘많은 일’이라는 의미까지 넓어졌으며, 다수의 백성을 民衆(민중)이라 합니다. 그러나 세월이 흐르면서 신분에 상관없이 많은 사람을 뜻하는 글자로 사용하게 되었습니다.

拈華示衆(염화시중)

불교에서 진리를 찾기 위해 참선하는 이에게 주는 깨우침의 이야기가 話頭(화두)입니다. 화두란, 말을 하지 않고도 마음과 마음이 통하여 깨달음을 얻게 된다는 의미입니다. 不立文字(불립문자)니 以心傳心(이심전심)의 진리 전달 방식입니다.

靈山(영산)에서 梵王(범왕)이 석가에게 설법을 청하며 연꽃을 바치자, 석가가 연꽃을 들어 대중들에게 보였습니다. 이때 사람들은 그게 무슨 의미인지 몰랐으나, 오직 제자 迦葉(가섭)만이 참뜻을 깨닫고 미소를 지었다고 합니다. 이에 석가는 가섭에게 불교 진리를 전해주었다고 합니다.

가섭은 석가가 연꽃을 들어보인 의미를 깨달아 웃은 것입니다. 석가는 연꽃을 들어보이며 말했습니다.

"내 모든 체험을 문자 없이 전달하는 새로운 시작이다. 그것을 전해 받는 사람은 마음을 열고 받아들이면 된다. 그대들은 그가 왜 웃었는지 알지 못한다. 그는 그 순간에 문득 자신의 내면을 들여다보았고, 사념을 버리기 시작하였으며, 마음을 초월하고 생각의 흐름을 초월하여 자신 역시 부처라는 사실을 깨달았기 때문에 웃은 것이다. 나는 그것을 인정하는 의미에서 연꽃을 마하가섭에게 주었다. 나는 이 연꽃을 그대에게 주지만, 나는 나의 모든 향기와 빛을, 나의 모든 깨달음을 그대에게 전하노라. 이것은 침묵 속의 전달이다. 이 연꽃은 하나의 상징이다. 이것은 선의 시작이다."

우리는 지금 언어의 홍수, 정보의 홍수 속에서 살고 있습니다. 그런데 그 정보는 모두 말과 글로 전달하고 전달받습니다. 莊子(장자)는 "통발은 고기를 잡기 위해서 있다. 고기를 잡았으면 통발을 생각할 필요가 없다"라며 得魚忘筌(득어망전)을 언급하면서, '어떻게 하면 언어를 잊은 사람과 만나 그와 함께 이야기할 수 있을까?'라고 이야기합니다.

언어는 의사 전달의 수단이지만, 의미만 알아들으면 잊어버려도 좋은 것입니다. 그러나 세상 사람들은 말 자체에만 얽매이는 경향이 있습니다. 그래서 장자는 말을 잊고 사는 사람을 만나 말없이 道(도)를 이야기해보고 싶다는 것입니다. 여기서 말을 잊는다는 것은 말 자체의 형식적인 것이나 그것이 만들어내는 고정된 관념에 얽매이지 않는다는 뜻입니다. 언어는 뜻을 파악하기 위해 있고, 뜻을 알았으면 더 이상 언어는 생각할 필요도 없습니다.

☑ 배운 한자 톺아보기

坐	사람들			
坐	座	挫	從	衆

18
여인의 모습

　'여인 女(여)' 자는 순종을 강조한 모양으로, 두 손을 다소곳하게 모으고 무릎 꿇고 앉아 있는 모습을 그렸습니다. 여자를 낮게 보는 인식 때문에 女(여)와 조합하는 글자는 좋지 않은 뜻이 많습니다. 奴(노) 역시 女(여) 자를 사용해서 노예의 의미를 표현했습니다. 오늘날에 와서 중국에는 이처럼 女(여)와 조합해서 나쁜 의미를 나타내는 한자 16개를 없애거나 대체 한자를 만들자는 주장이 있습니다. 없애려는 글자로는 노예 奴(노), 허망할 妄(망), 질투할 嫉(질), 싫어할 嫌(혐), 기생 妓(기), 괴이할 妖(요), 노는계집 娼(창), 간사할 奸(간), 오락 娛(오) 등입니다.

　그리고 이 女(여)는 아들을 나타내는 子(자)와 상대적 개념으로 사용해서 子女(자녀)라고 합니다. 고대 중국 사람들 인식에는 아들을 낳지 않고 딸을 낳으면 호칭을 만들지 않고 그냥 女(여)로 대신했습니다. 그래서 어머니와 딸을 母女(모녀)라고

하지만, 우리나라에는 '딸'이라는 아름다운 단어가 있습니다.

女史(여사)에서 史(사)는 '역사'의 뜻으로, 역사를 기록하는 여인의 의미입니다. 고대 중국에서 황후 곁에서 황후의 言行(언행)을 기록하는 여인을 女史(여사)라 불렀습니다. 그 당시엔 가장 높이 오를 수 있는 여자의 관직이었습니다. 여기서 오늘날 사회적으로 저명한 여자를 높여 부르는 말로 姓名(성명) 뒤에 붙여서 사용하는 유래가 되었습니다.

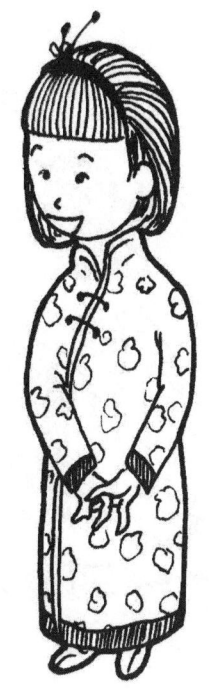

'오묘할 妙(묘)' 자는 여인을 타나내는 女(여)와 적을 少(소)의 조합으로, 나이가 적은 여자를 나타냅니다. 갑골문은 女(여) 부분이 그윽할 玄(현)으로 되어 있었으나 뒤에 바뀌었습니다. 소녀 시절이 가장 아름답기 때문에 '예쁘다', '오묘하다'의 의미가 나왔습니다. 아주 좋은 생각을 妙案(묘안)이라 하고, 아주 기묘한 것을 絶妙(절묘)라 합니다.

少(소)는 갑골문에서는 작은 점을 네 개 그려서 수량이 적은 상태를 나타냅니다.

　'같을 如(여)' 자는 여인 女(여)와 입 口(구)의 조합으로, 여인에게 말하는 것을 형상화했습니다. 고대에서는 여자의 미덕은 아버지의 가르침과 남편의 명을 따르는 것입니다. 여기서 '따르다'가 본래 의미였으나, 부모나 남편의 뜻과 같이 하는 데서 '같다'는 의미가 나왔습니다. 또한 어른의 뜻을 잘 받들지 못할 것을 걱정하는 데서 '가령', '만약'이라는 의미로 넓어졌습니다. 예나 지금이나 전혀 변화 없는 것을 如前(여전)이라 하고, 모든 일이 생각대로 이루어지는 것을 萬事如意(만사여의)라 합니다.

　'용서할 恕(서)' 자는 남편의 명을 따름을 나타내는 如(여)와
마음 心(심)의 조합으로, 서로 마음을 같게 한다는 의미입니다.
자기의 마음을 미루어서 남의 마음을 헤아려 같게 하는 것에
서 '용서하다'는 의미가 나왔으며, 남을 용서하는 마음에서 '인
자하다'는 의미까지 넓어졌습니다. 공자께서 말한 '己所不欲
勿施於人(기소불욕물시어인)', 곧 자기가 하고 싶지 않은 것을
남에게 베풀지 말라'가 바로 恕(서)를 뜻합니다. 관용을 베풀어
남을 벌하지 않는 것을 容恕(용서)라 합니다.

    '잔치 宴(연)' 자는 집을 나타내는 宀(면)과 태양을 나타내는 日(일)과 여인 女(여)의 조합입니다. 고대 국가에서는 여인을 포로로 잡아 귀족이나 돈이 많은 집에 나누어주고, 아름답게 꾸며진 방에서 많은 여인들을 집단으로 모아 춤과 노래를 가르쳤습니다. 이런 여인들로 하여금 집에 온 손님에게 춤과 노래로 접대하는 풍속이 있었습니다. 아마도 해가 밝아오는 아침까지 놀았던 모양입니다. 지금은 극히 야만적이고 차별적인 풍속이지만, 여기서 '잔치', '술자리', '즐기다'의 의미가 나왔습니다. 오래 살아 장수함을 축하하는 잔치를 壽宴(수연)이라 하고, 축하나 위로를 하기 위해 여러 사람이 모여 잔치를 벌이는 것을 宴會(연회)라 합니다.

宀(면)은 반지하식 지붕을 본떠서 그린 것으로 이 글자와 조합하면 '집'의 의미를 나타냅니다.

如意(여의)

'같을 如(여)' 자는 '여자(女)는 男便(남편)의 말(口)에 잘 따라야 한다'는 뜻으로, 본디 '順從(순종)'을 의미했습니다. 남편으로서는 자기 뜻과 같이 되었으므로 '같다'는 뜻도 지니게 되었습니다. 실제와 똑같다는 如實(여실), 그것과 똑같다는 如此(여차), 어떻든 간에의 의미인 如何間(여하간)이 있습니다.

'뜻 意(의)' 자는 소리 音(음)과 마음 心(심)의 조합입니다. 사람의 마음은 말(言)로 나타나므로 말은 마음의 소리라고 했습니다. 어떤 대상이나 일에 대한 생각을 意見(의견)이라 하고, 무엇을 하고자 하는 생각이나 뜻을 意思(의사)라 합니다. 그리고 어떤 일을 이루고자 하는 마음을 意志(의지)라 하고 일부러 어떤 일을 저지르는 태도나 행동을 故意(고의)라 하며, 자신의 뜻대로 일을 처리하는 것을 任意(임의)라고 합니다. 따라서 如意라면 '뜻대로 되다'가 됩니다.

唐(당) 玄宗(현종)이 등이 가려웠습니다. 아무리 긁어도 손이 닿지 않아 시원치가 않았습니다. 이때 신하 羅公遠(나공원)이 대나무를 잘라다 바쳤습니다. 이것으로 등을 긁은 현종은 온몸이 시원했습니다. 현종이 말했습니다.

"허 그 놈 참, 시원도 하다. 마음먹은 대로 다 되니(如人之意)." 이때부터 '효자손'을 如意(여의)라고 불렀고, 나중에는 좋은 징조의 상징으로 통하는 如意珠(여의주)나 如意棒(여의봉)이라는 말이 나왔습니다.

『西遊記(서유기)』는 『三國志演義(삼국지연의)』, 『水湖志(수호지)』, 『金瓶梅(금병매)』 등과 함께 중국의 4대 奇書(기서) 중 하나입니다. 『서유기』에는 삼장법사 현장 스님과 여러 가지 신통력을 지닌 손오공, 저팔계, 사오정 등이 등장합니다. 여기서 손오공이 쓰는 무기가 여의봉입니다. 여의봉은 주인 마음대로 크기 조절이 가능한데, 가장 작게는 성냥개비 정도로 줄여서 귓속에 넣어 다닐 수가 있고, 가장 크게 늘리면 위로는 33천, 아래는 18층 지옥에 이를 정도였답니다.

소설 속에서 괴물들과 싸울 때는 1장 2척 정도의 크기로 이용했다고 합니다. 원래는 요순의 뒤를 이어 치수에 공을 세운 우왕이 황하를 치수하면서 강의 깊이를 측정하는 데 사용하던 추였다고 합니다. 그 뒤 동해 용왕의 보물로 모셔져 있던 것을 손오공이 빼앗아 사용한 것이라 합니다.

'맡길 委(위)' 자는 벼 禾(화)와 여인 女(여)의 조합으로 이루어졌습니다. 갑골문에서는 좌우로 禾(화)와 女(여)가 위치했으나, 현대 한자에서는 禾(화)가 女(여)의 위쪽에 놓이게 되었습니다. 禾(화)는 곡식이 익어서 고개를 숙이고 있는 형태를 본

뜬 모양입니다. 추수한 곡식을 관리하고 저장하는 일을 여자들에게 맡겼는데, 여기서 '맡기다'는 의미가 나왔습니다. 어떤 일의 책임을 맡기는 것을 委任(위임)이라 하고, 어떤 단체에서 특정한 일을 처리하도록 위임을 맡은 사람을 委員(위원)이라 합니다.

'간사할 姦(간)' 자는 여인 女(여) 세 개를 합친 조합으로, 많은 여인들이 모여서 이야기하는 것을 나타냈습니다. 고대 중국인들은 여자를 두고 의심과 질투심이 많다고 인식했습니다. 그래서 많은 여인들이 모이면 서로 질투하고 음모를 꾸밀 것이라고 생각한 데서 이 같은 의미가 나왔습니다. 부부가 아닌 사람들끼리 정을 통하는 것을 姦通(간통)이라 하고, 강제로 간음하는 것을 强姦(강간)이라 합니다.

'아내 妻(처)' 자는 맨 위 一(일)은 비녀 모양이고 중간은 손 모양이며 아래는 여인 女(여)의 조합입니다. 정리하면 여인이 머리손질을 하고 비녀를 꽂는 모양에서 혼인한 여인을 나타내는 '아내'를 의미하게 되었습니다. 아내의 본가를 妻家(처가)라 하고, 아내의 남자 형제를 妻男(처남)이라 합니다. 또 아내와 자식을 妻子(처자)라 하고, 아내를 지극히 사랑하는 사람을 愛妻家(애처가)라 합니다.

‘슬퍼할 悽(처)’ 자는 마음 忄(심)과 아내 妻(처)의 조합으로, 시집가는 마음을 표현했습니다. 딸을 시집보내는 부모나 시집 가는 본인의 마음에서 ‘쓸쓸하다’, ‘슬퍼하다’의 의미가 나왔습니다. 고대에는 교통이 발달하지 못한 데다, 어려서 자란 자기 집을 떠나 멀리 시집간다는 것은 몹시 두렵고 슬픈 일이라 인식하는 데서 의미가 나왔습니다. 자식이 시집가는 모양을 보고 느끼는 슬프고 구슬픈 모양을 悽然(처연)이라 하고, 끔찍하고 참혹한 모습을 悽慘(처참)이라 합니다.

　‘어릴 嬰(영)’ 자는 여인 女(여)와 조개 貝(패)의 조합으로, 여인의 위쪽에 많은 조개가 있는 모양으로 조개 목걸이를 의미합니다. 중국 고대 풍습에서 조개 목걸이는 대부분 어린 여자아이들이 두르고 다녔는데, 여기서 ‘갓난아이’, ‘목에 두르다’는 의미가 나왔습니다. 중국에는 오래된 무덤에서 조개 목걸이와 유골이 발견되는 경우가 많았는데, 바로 嬰(영) 자를 보고 그 무덤이 어린아이 무덤인지 알았습니다. 이처럼 한자는 바로 중국 사람의 생활에서 자연스럽게 만들어졌다는 것을 알 수 있습니다. 어린아이를 嬰兒(영아)라 합니다.

　'갓끈 纓(영)' 자는 실 糸(사)와 목에 두를 嬰(영)의 조합으로, 모자가 벗겨지지 않도록 목에 묶는 '갓끈'을 의미합니다. 절영(絶纓)은 '갓끈을 끊는다'로 해석하고, 남자의 넓은 도량을 의미합니다. 춘추시대 楚(초)나라 莊王(장왕)이 잔치를 벌이고 있는데, 갑자기 촛불이 꺼진 틈을 이용해서 한 장수가 왕의 애첩을 희롱했습니다. 순간, 애첩이 그 장수의 갓끈을 끊어 표시하고는 왕에게 고했습니다. 하지만 장왕은 잔치에 참가한 모든 사람들에게 갓끈을 끊도록 명하여 그 장수를 벌하지 않았습니다. 나중에 莊王(장왕)이 전쟁에서 위기에 처했는데 은혜를 잊지 않고 그 장수가 목숨을 걸고 장왕을 구했다는 데서 유래했습니다.

‘시어머니 姑(고)’ 자는 여인 女(여)와 오래 古(고)의 조합으로, 나이가 많은 여인이나 집에서 오래 산 여인을 의미입니다. 여기서 남편의 어머니인 ‘시어머니’와 ‘고모’의 의미가 나왔습니다. 고모는 다른 집으로 시집간 뒤 가끔 친정에 와서 잠시 머물다 가기 때문에 ‘잠시’라는 의미로까지 넓어졌습니다. 시어머니와 며느리 사이를 姑婦間(고부간)이라 하고, 근본적인 대책 없이 잠시 쉬어가는 임시방편을 姑息的(고식적)이라 합니다.

　'처음 始(시)' 자는 여인 女(여)와 기를 台(태)의 조합으로, 여인이 기른다는 의미에서 생명의 시작을 여인으로 보았습니다. 여기서 여인으로부터 처음 잉태해서 기른다는 의미에서 '처음', '비로소', '시작'의 의미가 나왔습니다. 생명의 근원이 여인에서 시작하기 때문에 '근원', '근본'이라는 의미로까지 넓어졌습니다. 처음으로 하는 것을 始作(시작)이라 하고, 처음과 끝을 始終(시종)이라 하며, 한 해의 마지막 때와 새해의 첫머리를 나타내는 말은 年末年始(연말연시)라 합니다.

台(태)는 아래쪽에 입 口(구)가 있고 위쪽에 숟가락 형태가 있어 '기르다', '기쁘다'의 의미를 갖습니다.

　'편할 安(안)' 자는 집 宀(면)과 여인 女(여)의 조합으로, 집 안에 들어가 있는 여인을 의미입니다. 고대 수렵 생활에서는 밖에서 생활하는 경우가 많아 매우 불안전했습니다. 여자들은 체력 면에서 남자보다 훨씬 약한 탓에 집안에 다소곳이 앉아 있는 여인의 모습에서 '편안하다'의 의미를 표현했습니다. 안심이 되지 않아 마음이 조마조마함을 不安(불안)이라 하고, 자기 분수에 만족하여 다른 것에 마음을 두지 않는 것을 安分知足(안분지족)이라 합니다.

案案案

　‘책상 案(안)’ 자는 편안할 安(안)과 나무 木(목)의 조합으로,
나무로 만든 편안한 나무 제품을 나타내는데, 그 위에서 편안
하게 책을 볼 수 있기에 ‘책상’이라는 의미가 나왔습니다. 책상
위에 놓여 있는 자료에서 ‘안건’, ‘문서’로 의미가 넓어졌으며,
다시 문서의 내용에서 ‘생각’, ‘고안’의 의미까지 생겼습니다.
토의하거나 연구하려고 글로 적어놓은 것을 案件(안건)이라
하고, 일을 처리해나갈 방법을 方案(방안)이라 합니다.

　‘권위 威(위)’ 자는 도끼 모양인 戌(술)과 여인 女(여)의 조합으로, 도끼를 들고 있는 여인을 나타냅니다. 고대 중국 모계 사회에서 사형을 집행하는 큰 도끼를 들고 서 있는 여성은 죄인의 생사를 결정할 수 있었습니다. 여기서 ‘권위’, ‘협박하다’의 의미가 나왔습니다. 위력이나 기세를 드러내 보이는 것을 示威(시위)라 하고, 위엄 있는 모습을 威容(위용)이라 합니다.

戌(술)은 날이 큰 도끼를 그린 것으로 ‘큰 도끼’를 나타냅니다.

狐假虎威(호가호위)

'狐假虎威(호가호위)'는 여우가 호랑이의 위세를 빌어 호기를 부리는 것을 말합니다. 남의 권세를 빌어 마치 자신이 힘이 있고 위엄이 있는 것처럼 행동하는 것을 비유한 말입니다. 속담에 호랑이가 없으면 여우가 호랑이 행세한다는 말처럼, 호랑이의 권력을 등에 업고 마치 자신이 호랑이인 것처럼 행동하는 것을 말합니다.

『戰國策(전국책)』에는 다음과 같은 이야기가 나옵니다.

전국시대 중국의 남쪽 초나라에 昭奚恤(소해휼)이라는 이름난 宰相(재상)이 있었습니다. 북방의 나라들은 이 소해휼을 몹시 두려워하고 있었습니다. 왜냐하면 초나라의 실권을 그가 장악하고 있었기 때문입니다. 초나라 宣王(선왕)은 북방의 나라들이 왜 소해휼을 두려워하는지 이상하게 여겨, 江乙(강을)이라는 신하에게 그 이유를 물어보았습니다.

"전하, 이런 얘기가 있습니다. 호랑이가 여우 한 마리를 잡았습니다. 그러자 잡아먹히게 된 여우가 말했습니다. '잠깐 기다리게나. 이번에 나는 天帝(천제)로부터 백수의 왕에 임명되었네. 만일 나를 잡아먹으면 천제의 命令(명령)을 어긴 것이 되어 천벌을 받을 것이야 내 말이 거짓말이라 생각하거든 나를 따라와봐. 나를 보면 어떤 놈이라도 두려워서 달아날 테니.' 여우의 말을 듣고 호랑이는 그 뒤를 따라갔습니다. 과연 만나는 짐승마다 모두 달아나는 것이었습니다. 사실 짐승들은 여우 뒤에 있는 호랑이를 보고 달아난 것이지만, 호랑이는 그것을 깨닫지 못했습니다. 북방의 제국이 소해휼을 두려워하는 것은, 소해휼의 배후에 있는 초나라의 군세를 두려워하고 있는 것입니다."

『十八史略(십팔사략)』에는 집이 가난해지면 좋은 아내를 생각하게 된다는 家貧思良妻(가빈사양처)가 나옵니다. 이는 窮乏(궁핍)한 처지에 이르면 훌륭한 管理者(관리자)가 생각난다는 의미입니다.

세상 모든 이치가 어려움에 처하게 되면, 그 어려움을 함께했던 사람이나 함께 극복했던 사람이 생각납니다. 함께 고통을 나누고 위기를 극복할 때는 상대방의 소중함과 존재감마저도 잊기 쉽습니다. 가장 소중한 물과 공기를 우리는 아무런 고통 없이 얻으며 살고 있습니다. 그런데 그 물과 공기가 오염되어 먹고 마시기가 힘들어지면 그제야 그것들의 고마움을 비로소 깨닫게 됩니다. 사람들도 잘살고 편할 때는 그 이유를 생각하지 않고 감사하지도 않다가, 비로소 가난해지면 좋은 아내를 생각하고, 나라가 어지러워지면 忠臣(충신)을 생각하게 됩니다. '있을 때 잘해!'라는 시쳇말은 그 어떤 곳에서도 진리이고 삶의 지혜입니다.

☑ 배운 한자 톺아보기

女	여인의 모습				
	妙	如	恕	宴	委
	姦	妻	悽	嬰	纓
	姑	始	安	案	威

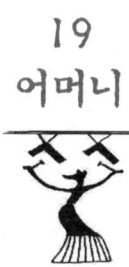

19
어머니

　세상에서 가장 아름다운 한자가 '어미 母(모)' 자입니다. 갑
골문은 여인 女(여)에 두 개의 점을 찍었습니다. 이것은 어머
니가 아기에게 젖을 먹여야 하기 때문에 젖이 커지고 돌출되
는 몸의 특징을 그렸습니다. 옛날이나 지금이나 새롭게 무엇을
창조하는 창의성은 같다고 할 수 있겠습니다. 글자를 만들어내

는 고대 중국인들의 창의성에 놀라울 뿐입니다. 이 글자는 아기를 가진 여인의 신체 변화를 표현했습니다. 나중에 이 글자와 조합한 글자를 보면 어머니의 역할이 자식을 기르고 교육하는 것이었음을 알 수 있습니다.

'매번 每(매)' 자는 어미 母(모)에 남편 夫(부)처럼 비녀 모양을 더해서 어미를 더욱 강조한 글자입니다. 비녀 모양도 남자 것에 비해 화려한 장식이 있음을 나타내고 있습니다. 어미 母(모)와 마찬가지로 매번 每(매)는 다른 글자와 합칠 때는 '어미'를 뜻합니다. 혼인한 여인은 항상 머리손질을 하고 비녀를 꼽는 데서 '매번'이라는 의미로 변했습니다. 每日(매일)은 '날마다'의 뜻입니다.

　'독할 毒(독)' 자는 비녀 꽂은 여인의 每(매)에 비녀를 두 개
더 꼽았습니다. 이런 사치스러운 행동은 사회에 미치는 해독이
크기 때문에 여기서 '독', '해악'이라는 의미가 나왔습니다. 毒
草(독초), 毒藥(독약), 毒舌(독설), 中毒(중독), 惡毒(악독)처럼
사용합니다.

　참고로, 음란할 毒(애)는 비녀 두 개를 꽂은 모양으로, 毒
(독)보다는 약간 덜 치장한 여자를 의미합니다. 혼인해서 아이
를 기르며 정숙하게 생활하는 여인은 每(매)로, 약간 타락의
길로 접어든 여인은 毒(애)로, 완전히 망가진 여인은 毒(독)으
로 나타냈습니다. 毒素(독소)는 아주 해롭거나 나쁜 요소를 말
하는데, 사치가 심한 여인은 바로 사회의 毒(독)의 근본임을
강조해서 모든 사치를 경계한 글자입니다.

　‘바다 海(해)’ 자는 물 水(수)와 어머니를 나타내는 每(매)의
조합입니다. 바다는 물이 맑거나 흐리거나 적거나 많음을 가리
지 않고 어머니처럼 넓은 사랑으로 모두 받아들이는 데서 의
미가 나왔습니다. 또한 여러 물줄기를 사양하지 않고 받아들이
는 까닭에 人山人海(인산인해)처럼 ‘많음’을 나타내는 데에도
사용합니다. 아울러 四海(사해)는 네 방향으로 바다가 접했다
는 데에서 ‘온 천하’라는 뜻인데, 이것은 옛날 사람들이 바다는
곧 천하의 끝이라 생각했기 때문입니다. 사해는 바로 중국 전
역을 나타내므로 중국 밖을 海外(해외)라 표현했습니다.

慊 悔

‘후회할 悔(회)’ 자는 어머니 每(매)와 마음 忄(심)의 조합으로, 어머니를 생각하는 의미입니다. 어머니를 생각하면 항상 후회되는 것이 많습니다. 잘 해드리지 못한 것, 뜻을 따르지 못한 것을 생각하는 마음에서 ‘後悔(후회)’를 뜻하게 되었습니다. 후회는 이전의 잘못을 뉘우침이라는 뜻이지만, 원래는 돌아가신 어머니에 대한 늦을 반성을 나타냈습니다.

忄(심)은 심장을 그린 마음 心(심) 자가 다른 글자와 조합할 때 변하는 형태로, ‘생각하다’는 의미를 나타냅니다.

'깨우칠 誨(회)' 자는 어머니 每(매)와 말씀 言(언)의 조합으로, 어머니의 말씀을 나타냅니다. 초기 갑골문에서는 每(매)와 같은 모양으로 어머니의 역할을 나타냈습니다. 어머니는 집에서 자식을 가르치므로 말씀 言(언)을 더해서 '깨우치다', '가르치다', '충고하다', '타이르다'의 뜻을 나타냈습니다.

세상을 사는 이치는 늘 후회하며 깨우치고, 다시 배우고 가르치며 삽니다. 그래서 세상 모두가 개인의 스승이기도 하고 제자이기도 합니다. 兄(형)만한 아우(弟) 없다는 속담은 이를 잘 나타내는 反省(반성)의 삶을 살라는 교훈입니다.

'업신여길 侮(모)' 자는 사람 人(인)과 비녀 꽂은 여인의 每
(매)를 조합한 글자로, 사람이 혼인한 여인의 비녀를 손으로
만지는 것을 표현했습니다. 이미 혼인한 여인의 머리를 흩뜨리
는 행동에서 '얕보다', '깔보다'는 의미가 나왔습니다. 깔보고
욕보이는 것을 侮辱(모욕)이라 하고, 모욕을 당하는 것을 受侮
(수모)라 합니다. 君子(군자)는 자신에겐 엄격하고 타인에겐
관대하다고 합니다. 자신이 스스로 범한 잘못에 대해서는 受侮
(수모)를 당했다고 생각해서 스스로 侮辱(모욕)하여 그로부터
벗어날 수 있도록 합니다.

　‘민첩할 敏(민)’ 자의 갑골문은 어머니 每(매)와 손 모양의 조합이었으나, 나중에 오면서 손에 회초리를 더해서 칠 攵(복)으로 변했습니다. 여기서 어머니의 가르침을 나타냈으나, 가르침을 따르는 행동이 빨라야 한다는 데서 ‘민첩하다’, ‘재빠르다’의 의미가 나왔습니다. 배움이 지속되면 총명해지기 때문에 다시 ‘英敏(영민)하다’로 사용하게 되었습니다. 눈치가 빠르고 행동이 敏捷(민첩)한 것을 機敏(기민)하다고 하는데, 機(기)는 베틀을 나타냅니다. 베 짜기와 어머니의 배움을 실천한다는 두 가지 행동을 민첩하게 해야 한다는 함축적인 의미를 내포했습니다.

　'번거로울 繁(번)' 자는 혼인한 여인을 나타내는 每(매)와 칠
攴(복)과 실 糸(사)의 조합입니다. 초기 갑골문에서는 攴(복)이
빠진 모양으로, 혼인한 여인이 실을 잡고 길쌈하는 모양을 나
타냈습니다. 길쌈은 손이 가장 많이 가는 고대 여인들의 노동
으로, 여기서 '번거롭다', '많다', '뒤섞이다'의 의미가 나왔습니
다. 길쌈은 수입이 매우 높기 때문에 재산을 늘리는 수단으로
사용되어서 '繁盛(번성)하다', '繁昌(번창)하다'의 의미까지 확
장되었습니다.

　‘매화 梅(매)’ 자는 초기 금문에서는 나무 木(목) 위에 열매를 크게 그렸습니다. 나중에는 어미 每(매)와 나무 木(목)의 조합으로, 아기를 가진 어머니와 나무를 의미합니다. 임신하면 신 음식을 좋아하는데, 일반적으로 매실을 입에 넣어 대신하는 것에서 매화나무를 의미하게 되었습니다. 이는 중국의 임신부들의 오랜 관습으로, 옛날 사람들은 매실을 임신 여성에게 먹여서 태아를 편안하게 도왔다고 합니다. 이 때문에 사람들은 매실을 하나의 상서로운 나무로 여기게 되었습니다. 梅雨(매우)는 梅花(매화)나무 열매가 익어서 떨어질 때 지는 장마라는 뜻으로, 대략 6월 中旬(중순)부터 7월 上旬(상순)까지의 장마를 일컫는 말입니다.

望雲之情(망운지정)

　가까이 있을 때는 그 소중함과 귀중함을 모르는 것이 인간의 삶이기도 합니다. 멀리 떠나 외롭고 힘들 때면 고마운 사람들의 마음과 체취가 더욱 그립고 고마워지는 게 인지상정입니다. 望雲之情(망운지정)은 고향 하늘의 구름을 바라보며 부모님을 그리워하는 정을 말합니다. 이는 자식이 타향에서 고향의 부모님을 생각하는 애틋한 마음을 나타낸 것으로서, 『唐書(당서)』의 狄仁傑(적인걸)에 얽힌 일화에서 나왔습니다.

　적인걸은 則天武后(측천무후)와 高宗(고종) 때의 유명한 대신으로서 여러 관직을 거쳤다가 후에는 재상이 되었습니다. 젊었을 때는 지금의 산서성 태원인 並州(병주)에서 법을 집행하는 法曹參軍(법조참군)을 지낸 적이 있었습니다. 당시 그의 부모는 지금의 하남성 맹현인 河陽(하양)에 있었습니다. 병주와 하양은 거리가 너무 멀어서 부모를 만나보는 것이 쉽지 않았습니다. 이 때문에 적인걸은 늘 부모를 그리워하고 있었습니다.

　어느 날 적인걸이 태행산에 올랐다가 문득 부모가 있는 하양 쪽을 돌아보니, 흰 구름만 쓸쓸하게 떠가는 것이 보였습니다. 그는 함께 갔던 사람들에게 괴로운 듯 말을 했습니다.

　"저의 부모님께서는 저 흰 구름 아래에 계십니다."

　망운지정이란 이렇게 타향에서 자신도 고통(모함으로 좌천)을 겪지만, 고향의 부모를 그리는 자식의 정을 가리키는 것입니다. 후일에 적인걸의 평판이 높다는 말을 들은 측천무후는 다시 그를 재상으로 등용하였고, 재상이 된 후 그는 張柬之(장간지)와 姚崇(요숭) 등을 추천, 부패한 정치를 바로잡아 측천무후의 신임을 얻었습니다. 그가 얼마나 자신의 행동에 책임감을 갖고 행동했는지는 그의 아들을 벼슬에 추천한 것만 보아도 알 수 있습니다. 어느 날 측천무후가 尙書郞(상서랑)에 합당한 인물을 추천하라고 적인걸에게 말하자, 그는 서슴없이 자신의 아들 光嗣(광사)를 추천하였습니다. 그리고 그의 모든 일처리는 조금도 사사로운 정에 이끌리지 않았다고 합니다.

적인걸이 자신의 아들을 서슴없이 측천무후에게 추천했다는 말은 무엇을 의미할까요? 곱씹을 필요가 있습니다.

자신의 判斷(판단)과 能力(능력) 그리고 智慧(지혜)로 보았을 때 자신의 아들이 그만큼의 능력과 소질이 있었기 때문에 추천한 것입니다. 만약 그의 아들이 그만한 능력이 없는데도 적인걸이 추천했다면, 이는 적인걸의 그릇이 그것밖에 되지 않는다는 의미며, 능력이 없음에도 그 자리에 연연하는 아들 光嗣(광사) 역시 추악한 사람이라 할 것입니다.

같거나 비슷비슷한 능력과 지혜를 갖고 있는 사람들이 경쟁한다면, 그 중에 그래도 더 믿고 신뢰할 수 있는 사람은 血緣(혈연)과 地緣(지연), 學緣(학연) 등의 관계로 묶인 사람들일 겁니다. 이런 상태의 선발은 오히려 人之常情(인지상정)이라 할 수 있습니다. 하지만 더 뛰어나고 적합한 인물이 있는데도 혈연이나 지연, 학연 등의 관계로 사람을 선발한다면, 이는 개인과 사회, 나아가 국가에게 모두 죄를 짓는 일이라 할 수 있습니다.

그런데 적인걸은 그의 아들을 추천하는 데 아들이기 때문에 排斥(배척)한 것이 아니라, 비록 아들이지만 그 일에 적합한 인물이기에 알맞은 기회와 자리를 주었던 것입니다.

☑ 배운 한자 톺아보기

母	어머니

每	毒	海	悔	誨
侮	敏	繁	梅	

20
뱃속에 있는 아이

  '쌀 包(포)' 자는 사물을 감싸고 있는 勹(포)와 巳(사)의 조합으로, 巳(사)는 어린아이를 나타냅니다. 태아가 자궁에 싸여 있는 모양에서 '둘러싸다', '아이를 배다'의 의미가 나왔습니다. 다시 아이를 감싸고 있는 모양에서 '너그럽게 받아들이다', '감싸다'의 의미로 넓어졌습니다. 속에 싸여 있거나 함유되어 있는 것을 包含(포함)이라 하고, 물건을 싸서 꾸리는 것을 包裝(포장)이라 합니다. 包容(포용)은 남을 너그럽게 감싸거나 받아들임을 말합니다.

勹(포)는 손으로 물건을 모아서 받쳐드는 모양을 그린 것으로 '둘러싸다'의 의미입니다.

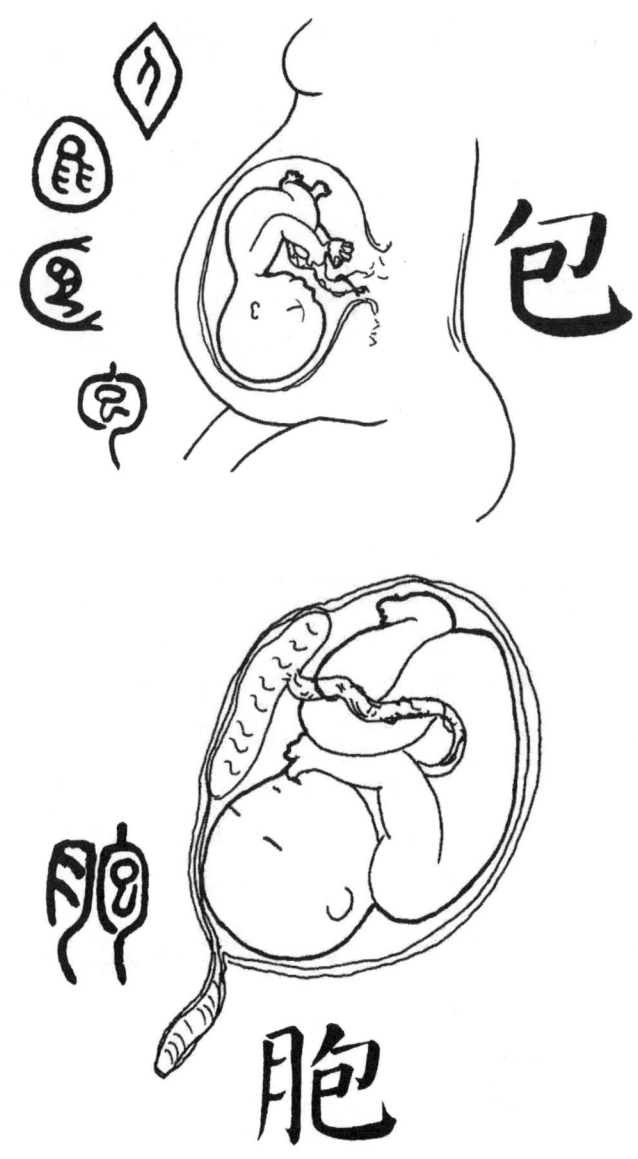

'태보 胞(포)' 자는 인체를 나타내는 月(월)과 아이를 안고 있는 包(포)의 조합으로, 자궁 속에 태아를 감싸고 있는 막을 나타냅니다. 이것을 중국에서는 아이를 감싸는 옷이라는 의미로 胞衣(포의)라 합니다. 나아가 인체에 볼록 올라온 모양이란 뜻에서 '종기', '여드름'으로 의미가 넓어졌습니다. 같은 胞衣(포의)에서 태어났다고 해서 형제의 의미로 同胞(동포)라 부르고, 생물체를 구성하는 가장 기본적인 단위를 細胞(세포)라 합니다. 體細胞(체세포)는 생물체를 구성하고 생활 작용을 영위하는 모든 세포를 말하고, 胞子(포자)는 균류나 식물이 무성 생식을 위해 형성하는 생식 세포를 의미합니다.

'안을 抱(포)' 자는 손 手(수)와 아이를 안고 있는 包(포)의 조합으로, 어린아이를 가슴에 안고 있음을 나타내는데, 여기서 '안다', '품다'의 의미가 나왔습니다. 抱負(포부)는 마음속에 지닌 앞날의 계획이나 희망을 말하고, 마음속에 품은 생각을 懷抱(회포)라 합니다.

　'배부를 飽(포)' 자는 밥을 나타내는 食(식)과 임신부를 나타
내는 包(포)의 조합으로, 음식을 많이 먹어 마치 임신한 여인
처럼 배가 부른 모양을 나타냅니다. 여기서 '배부르다', '만족하
다', '싫증나다'의 의미가 나왔습니다. 배부르게 먹는 것을 飽食
(포식)이라 하고, 飽滿(포만)은 넘치도록 가득함을 말합니다.

橘化爲枳(귤화위지)

인간은 환경의 동물입니다. 그가 살고 있는 환경이 어떤 곳인가에 따라 인간은 살아가는 방법을 취사선택하여 최선의 방법을 모색하여 살아갑니다. 에스키모인들이 날고기인 생선회를 즐겨 먹는 이유는, 식물인 채소에서 구할 비타민 C를 날 생선에서 구할 수 있기 때문입니다.

橘化爲枳(귤화위지)의 출전은 『晏子春秋(안자춘추)』, 漢代(한대) 초기의 백과전서인 『淮南子(회남자)』, 『周禮(주례)』 등에서 볼 수 있습니다. 중국 춘추시대 제나라의 명재상이었던 晏子(안자)에게서 유래된 귤화위지의 이야기는 다음과 같습니다.

齊(제)나라의 안영이란 재상의 이름을 들은 楚(초)나라 임금은 자기 나라에 그를 초청했습니다. 온 천하 사람이 稱讚(칭찬)하는 안영을 놀려주려는 심술 때문이었지요. 초나라 임금은 안영 일행과 간단한 인사말을 나누기가 바쁘게 한 죄인을 불러놓고 말했습니다.

"제나라 사람은 원래 도둑질을 잘하는 모양이군요."

그러자 안영이 대답하였습니다.

"강 남쪽의 귤을 강 북쪽으로 옮기면 탱자가 되고마는 것은 토질 때문입니다. 저 제나라 사람이 제나라에 있을 때는 도둑질이 무엇인지조차 모르고 있었는데, 초나라에 와서 도둑질한 것을 보면 초나라의 풍토가 좋지 않은가 하옵니다."

귤화위지는 '귤(橘)이 변해서(化) 탱자(枳)가 된다(爲)'라는 뜻으로, 기후와 풍토가 다르면 동일한 것이라도 그 성질이 달라짐을 의미합니다. 인간도 주위 환경에 따라서 생각과 행동이 달라질 수 있다는 의미로 활용됩니다. 같은 표현으로, '강남의 귤을 강북에 옮겨 심으면 탱자가 된다'는 의미의 '南橘北枳(남귤북지)'로도 사용됩니다.

급변하는 현대 사회에서 환경 요인은 거의 모든 분야에 관심과 영향을 미치는 중요한 가치가 되었습니다. 실제 함께 태어난 쌍둥이를 각각 다른 환경에서 성장시킨 결과 쌍둥이들의 삶이 환경에 따라 변했다는 보고서는 환경 요인이 인간의 삶에 얼마나 결정적인 역할을 하는지 알려주고 있습니다. 하지만 이와는 달리 인간이 환경을 개척한다는 실험 보고도 있습니다. 주정뱅이를 둔 아들 쌍둥이 중에 한 명은 아버지와 똑같은 주정뱅이가 되었지만 다른 쌍둥이는 알코올 중독을 치료하는 의사가 된 경우도 있습니다.

정반대의 삶을 산 쌍둥이에게 기자들이 물었습니다.

"당신들은 어찌하여 이렇게 살게 되었습니까?"

기자의 질문에 쌍둥이는 똑같이 대답하였습니다.

"당신이라면 어떻게 했겠습니까?"

이처럼 인간은 환경에 따라 변하는 속성이 있지만, 반대로 환경에 지배당하지 않고 환경을 바꾸는 의지를 가진 존재이기도 합니다.

☑ 배운 한자 톺아보기

包	뱃속에 있는 아이		
胞	抱	飽	

21
갓 태어난 아기

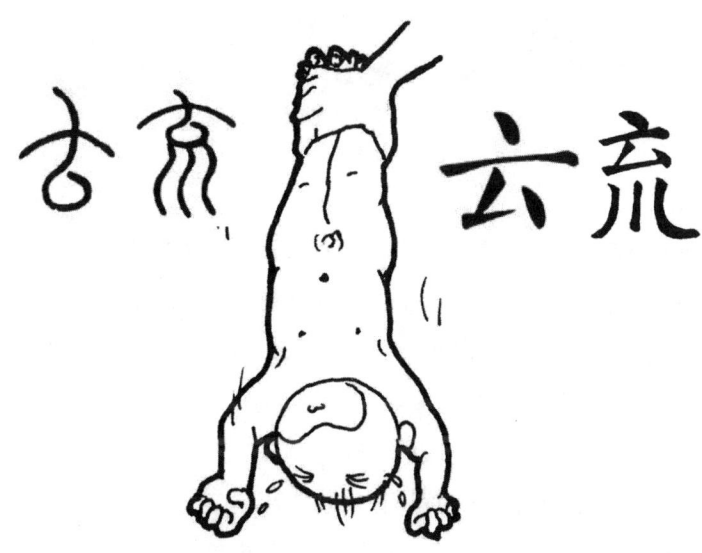

아들 子(자)를 거꾸로 해서 만든 글자로, '갓 태어난 아이의 모양'을 나타냈습니다. 아이가 나올 때 머리부터 나오는 것을 그렸으며, 현재는 단독으로 쓰이지 않고 다른 글자와 조합해서 '어린아이', '기르다'의 의미를 나타냅니다.

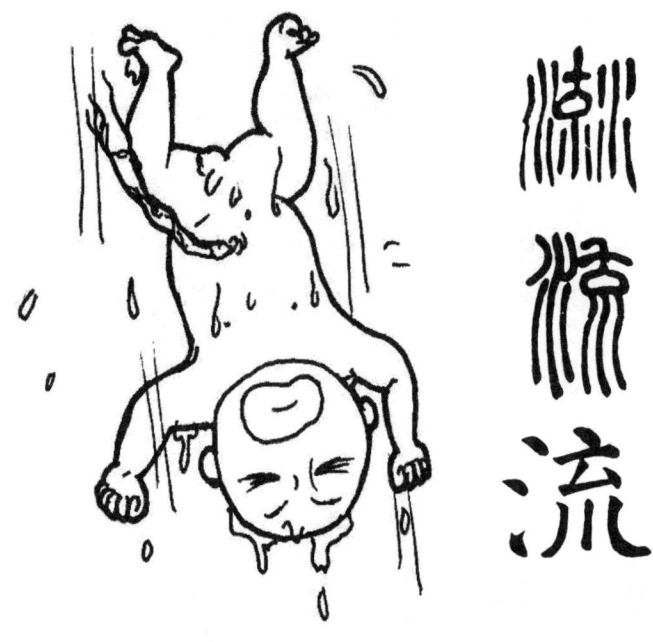

　'흐를 流(류)' 자는 갓 태어난 아이와 물 수(水)와 조합입니다. 아이가 나오고 있는 모양을 그대로 표현한 글자로, 나올 때는 제일 먼저 양수가 터져서 흐르게 되므로 '흐르다', '번지다', '퍼지다'의 뜻으로 넓어졌습니다. 음력 6월 15일을 流頭(유두)라는 하는데, 흐르는 물에서 머리 감을 수 있는 날이란 뜻으로 붙여진 이름입니다. 이 날부터가 요즘의 휴가철이 시작됩니다.

　요즘 우리나라의 대중 문화가 동남아는 물론이고 세계 곳곳에서 사랑을 받고 있습니다. 이런 현상을 두고 '韓流(한류)'라는 신조어가 생겨나기도 하였습니다. 정처 없이 돌아다는 것을 漂流(표류)라 하고, 서로 생각을 주고받는 것을 交流(교류)라 합니다.

　'드물 疏(소)' 자는 발 疋(필)과 아이의 머리가 나오는 모양의 조합으로, 다리부터 나오는 아이 모양을 나타냈습니다. 아이는 머리부터 나와야 정상적인 분만인데, 발부터 나오는 것은 아주 드문 경우입니다. 여기서 '드물다'는 의미가 나왔으며, 나아가 '소외되다', '거리가 멀어지다'로 의미가 넓어졌습니다. 소외되면 서로 대화해서 통해야 한다는 데서 '소통하다'는 의미까지 나왔습니다. 예전에 임금과 소통하기 위해서 올리는 글을 上疏(상소)라고 하는 데서 근거를 찾을 수 있습니다. 또 논문 아래, 곧 사람으로 말하면 발쪽의 글인 주석을 疏(소)라고 합니다. 疏外(소외)는 무리에서 꺼려해서 따돌리거나 멀리하는 것을 말하며, 막히지 않고 서로 통하는 것을 疏通(소통)이라 합니다.

疋(필)은 모양이 발 足(족)과 흡사하며, 역시 발과 종아리 모양을 본떠 '다리'를 나타냅니다.

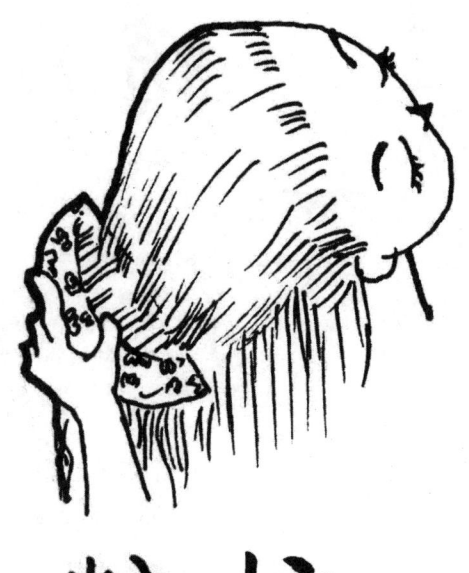

'빗 梳(소)' 자는 매우 어려운 한자지만, 앞에서 배운 글자를 이용해서 한 번 상상해보세요. 어린아이 머릿결과 나무 木(목)의 조합으로 머릿결을 손질하는 얼레빗을 나타냅니다.

誰斷崑崙玉(수단곤륜옥) 누가 곤륜산 옥을 잘라내어
裁成織女梳(재성직녀소) 직녀의 머리빗을 만들었나
牽牛一去後(견우일거후) 견우가 떠나간 뒤
愁擲碧空虛(수척벽공허) 상심하여 허공에 던져버렸네

조선시대 황진이의 詩(시) 「詠半月(영반월)」로, 견우와 이별한 뒤 상심한 직녀가 버린 빗을 반달에 비유하여 사랑하는 이를 떠나보낸 심경을 절묘하게 표현했습니다.

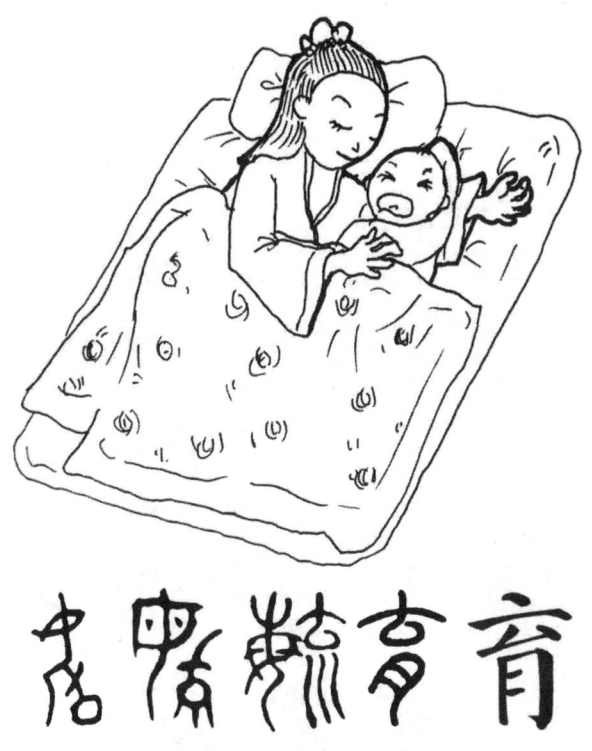

‘기를 育(육)’ 자의 갑골문은 여인이 아기를 낳고 있는 모양
을 나타냈으나, 현대 한자에서는 인체를 나타낸 月(월)과 어린
아이 모양으로 변했습니다. 어머니가 아기를 낳아서 기르는 것
에서 의미가 나왔습니다. 다른 글자와 조합할 때 月(월)은 모
양이 비슷한 고기 肉(육)과 통합되어 ‘달과 고기’를 동시에 나
타냅니다. 예전에 부수가 540자였는데 명나라 때 214개로 통합
하는 과정에서 달 月(월) 자 부수로 편입되었으며, 달 月(월)이
들어간 한자는 대부분 고기 肉(육)을 나타내고 우리 인체와 관
련이 많습니다. 지식을 가르치는 것을 敎育(교육)이라 하고, 생
명체가 시작되어서 자라는 것을 發育(발육)이라 합니다.

　‘채울 充(충)’ 자는 갓 태어난 아기와 사람 儿(인)의 조합으로, 사람이 태어나는 아기를 받아 기르는 데에서 본래는 ‘성장하다’, ‘기르다’의 의미를 가지고 있습니다. 어린아이가 점점 성장해서 키도 커지고 살도 찐 모양에서 ‘충만하다’는 의미가 나왔습니다. 나아가 ‘채우다’, ‘가득하다’, ‘살찌다’는 뜻으로 확장되었습니다. 아이 몸이 건강해서 튼튼한 것을 充實(충실)이라 하고, 모자람을 보충해서 채우는 것을 보충(補充)이라 하며, 가득 차 있는 것을 충만(充滿)이라 합니다.

‘거느릴 統(통)’ 자는 실크를 나타내는 糸(사)와 기를 充(충)의 조합입니다. 여러 줄기의 실이, 아이들을 하나의 목표로 가르치는 것처럼 하나로 엮는 것에서 본래는 ‘합치다’, ‘큰 줄기’의 의미입니다. 여러 줄기를 합쳐서 하나의 조직이나 체계 아래로 모이게 하는 것을 統一(통일)이라 하고, 둘 이상의 조직이나 기구 따위를 하나로 합치는 것을 統合(통합)이라 합니다. 다시 실을 큰 줄기로 엮어가는 데서 ‘거느리다’, ‘관할하다’, ‘계속 이어가다’의 의미로 넓어졌습니다. 일정한 방침에 따라 행동을 제어하는 것을 統制(통제)라 하고, 국민의 의해 선출된 국가 원수를 大統領(대통령)이라 하며, 일정한 체계에 따라 서로 관련된 부분들의 통일적 조직을 系統(계통)이라 합니다.

　'버릴 棄(기)' 자는 갑골문에서 맨 위에는 갓 태어난 아기를, 가운데에는 곡식을 켜는 키를, 아래에는 두 손을 놓은 조합입니다. 갓 태어나 죽은 아기나, 가족의 수를 조절하기 위해 갓난 아기를 내다버리는 풍습에서 의미가 나왔습니다. 현대 한자에 오면서 모양이 변해 잎 葉(엽)의 생략형으로 바뀌었습니다. 역시 아기를 버릴 때 나뭇잎 등으로 덮는 데서 유래했습니다. 못 쓰게 되어버리는 것을 廢棄(폐기)라 하고, 내다버리고 돌보지 않는 것을 遺棄(유기)라 합니다. 葉(엽)은 원래 풀 ++(초)가 없었는데, 한 그루 큰 나무 위에 잎을 그렸으며, 나중에 ++(초)가 추가되었습니다.

教育(교육)

　'가르칠 教(교)' 자는 爻(회초리 자국)·子(아이)·(복·두드릴 복)이 합쳐진 글자입니다. 이는 스승이 아이에게 회초리를 들고 있는 模襲(모습)을 그린 글자입니다.

　'엄한 스승 밑에 훌륭한 제자가 나온다'는 嚴師出高徒(엄사출고도)와, '엄하게 가르치지 않는 것은 스승이 게으르기 때문이다'는 教不嚴師之惰(교불엄사지타) 같은 말들은 예로부터 엄한 教育(교육)을 강조하였습니다. 그래서 書堂(서당)의 훈장은 엄하기로 유명했고, 제자가 조금이라도 잘못하면 여지 없이 회초리를 들었습니다.

　育(육)은 아기의 머리와 産母(산모)의 몸에서 양수가 흘러내리는 모습(月)을 본뜬 글자입니다. 따라서 育(육)의 본래 뜻은 아기를 낳는 出産(출산)의 의미였습니다. 하지만 낳고 기른다는 말처럼, 出産(출산)은 기르는 것을 동시에 뜻하게 되었습니다. 그리하여 育(육)은 '기르다'의 뜻도 가지게 되었습니다. 결국 教育(교육)은 가르치고 養育(양육)하여 '사람' 만드는 것을 말합니다. 이 말을 처음 사용한 사람은 孟子(맹자)였습니다.

　教育(교육)이란 한자를 통해서 '사랑의 매'를 곰곰이 생각해봅니다. 그리고 공자의 말처럼, 가르침은 있으되 차별은 없다는 有教無類(유교무류)도 되새겨봅니다.

☑ 배운 한자 톺아보기

去	갓 태어난 아이 모양
流　疏　梳　育　充	
統　棄	

‘아들 子(자)’ 자는 갓 태어난 아기가 강보에 싸여 있는 상태를 그렸습니다. 처음에는 남자와 여자, 아들과 딸, 조카 모두 구분 없이 사용했으며, 子孫(자손)과 子息(자식)에서 근거를 찾을 수 있습니다. 아들은 그 집안의 代(대)를 잇는 씨앗 역할을 하므로 ‘씨앗’, ‘종자’라는 뜻으로 확장되었으며, 일이나 말의 핵심을 나타내는 骨子(골자)에서 확인할 수 있습니다. 또 학문이 끊어지지 않도록 씨앗처럼 계속 이어주는 역할을 하기 때문에 '선생님'이라는 뜻으로 쓰여 孔子(공자), 孟子(맹자) 등에 쓰였습니다.

'맏 孟(맹)' 자는 아들 子(자)와 그릇 皿(명)의 조합입니다. 갓 태어난 아기를 그릇에 넣어 목욕시키는 데에서 본래는 '목욕'의 의미였습니다. 아기가 태어나면 맨 먼저 하는 일이 목욕시키는 데에서 '맨 처음', '최초'라는 의미로, 나아가 '첫째'의 의미로 변했습니다. 아이들 가운데 큰아이가 행동을 마음대로 하는 경우가 많기 때문에 孟浪(맹랑)하다는 단어에서 흔적을 볼 수 있습니다. 흔히 孟子(맹자)의 성으로서 孟子(맹자)를 뜻하는 경우가 많아서, 맹자 어머니가 맹자 교육을 위해서 세 번씩이나 이사해서 가르쳤다는 孟母三遷之敎(맹모삼천지교)라는 고사성어가 있습니다.

　‘좋아할 好(호)’ 자는 여인 女(여)와 아들 子(자)의 조합입니다. 고대엔 아기를 많이 낳는 것을 복으로 여겨, 다산의 여인을 매우 좋아했습니다. 그래서 한 여인의 좋고 나쁨을 아이의 출산 정도와 비교했는데, 바로 아기를 낳아 안고 있는 것에서 의미가 나왔습니다. 아기를 많이 낳은 여인을 좋아한다는 의미에서 選好(선호)라 하고, 생산성이 좋은 것을 好況(호황)이라 합니다. 衆惡必察 衆好必察(중오필찰 중호필찰)은 『논어』의 한 구절로, ‘많은 사람이 미워해도 반드시 살펴야 하고, 여러 사람이 좋아해도 반드시 살펴야 한다’라는 뜻입니다. 이는 사람들이 좋아하거나 싫어하는 것에 따라 부화뇌동하지 말고 자신이 직접 살펴서 판단해야 한다는 말입니다.

　'글자 字(자)' 자는 집을 나타내는 宀(면)과 아들 子(자)의 조합입니다. 집안에 어린아이가 있는 모양으로, 본래는 '양육과 번식'의 의미입니다. 초기 갑골문은 사물을 그림으로 표현한 조합하지 않은 글자를 文(문)이라고 했으며, 文(문)들을 조합한 것을 字(자)라 했습니다. 지금은 구분 없이 두 글자를 한 단어로 사용해서 文字(문자)라 사용합니다.

　사람이 혼인해서 아이가 늘어나는 것처럼, 글자 역시 서로 조합하여 아이처럼 늘었다는 데서 의미를 갖게 되었습니다. 그러므로 거꾸로 한자를 분해해서 그 의미를 중국 문화와 더불어 상상해보는 것이 한자를 공부하는 바른 접근법입니다. 사람이 혼인하게 되면 부르던 이름 대신 새로운 호칭을 만듭니다. 이것을 字(자)라 하는 것도 혼인해서 아기가 생기는 것처럼 혼인한 이름쯤으로 기억하시면 편합니다.

孟母斷機(맹모단기)

이제 세상은 전문가의 시대입니다. 전문가는 한 분야에서 만큼은 타의 추종을 불허할 정도의 능력과 실력을 갖춘 사람을 말합니다. 이 전문가는 끊임없는 자기 계발을 통해서 이루어집니다.

맹자의 어머니는 자식의 교육에 대단한 열정과 지혜를 갖춘 분이셨습니다. '맹자의 어머니가 베틀의 실을 끊었다'는 孟母斷機(맹모단기)는 孟母斷機之教(맹모단기지교)의 줄임말로, '맹자의 어머니가 베틀의 실을 끊어 가르쳤다' 뜻입니다. 학문을 중도에서 그만두면 아무 쓸모가 없다는 것을 맹자의 어머니는 당신이 힘들여 짜던 베틀의 실을 끊음으로써 알려준 것입니다. 이 이야기는 前漢(전한) 말 劉向(유향)이 지은 『烈女傳(열녀전)』에 나옵니다.

맹자는 학문에 전념할 만한 나이가 되자 고향을 떠나 공부를 하였습니다. 그런데 어느 날 기별도 없이 맹자가 집으로 돌아왔습니다. 마침 베틀에 앉아 길쌈을 하고 있던 맹자의 어머니는 갑자기 찾아온 아들을 보고 기쁘기는 하였지만, 감정을 억누르고 아들에게 물었습니다.

"네 공부가 어느 정도 되었느냐?"

"아직 마치지는 못 하였습니다."

그러자 맹자 어머니는 짜고 있던 베틀의 날실을 끊어버리고는 말했습니다.

"네가 공부를 중도에 그만두고 돌아온 것은 지금 내가 짜고 있던 베의 날실을 끊어버리는 것과 같다. 그래가지고 무엇을 이룰 수 있겠느냐?"

맹자는 어머니의 이 말에 크게 깨달은 바가 있어 다시 스승에게 돌아가 더욱 열심히 공부하였습니다. 그리하여 훗날 공자에 버금가는 유학자로서 '亞聖(아성)'으로 추앙받게 되었습니다. 단기지교(斷機之教)와 단기지계(斷機之戒)는 같은 말입니다.

魯(노)나라의 철학자 맹자는 어려서 아버지를 여의고 어머니 밑에서 자랐습니다. 그의 어머니는 孟母三遷之教(맹모삼천지교)의 일화에서 보듯 아들 교육에 남다른 관심을 가진 사람이었습니다.

맹자는 공자의 학풍을 이어받아 발전시켰습니다. 그러나 공자가 사회 혼란의 원인을 개인과 사회의 도덕적 혼란에서 비롯된 것이라고 보아 인과 예의 회복을 강조한 데 비해, 맹자는 사회 혼란을 수습하기 위해서는 인과 의, 특히 사회적 정의라고 할 수 있는 의의 회복을 강조하였습니다. 맹자는 인간의 본성이 착하다는 性善說(성선설)을 바탕으로 仁義(인의)를 중시하는 王道政治(왕도정치)를 주장하였으며, 임금이 잘못하면 그 죄를 물어 왕조를 바꿀 수 있다는 易姓革命(역성혁명)의 이론도 제시하였습니다.

☑ 배운 한자 톺아보기

子	아들			
	孟	好	字	

23
성장이 빠른 아이

　'왕성할 孛(패)' 자는 활기가 넘칠 勃(발)의 본래 글자로, 갑골문에는 아래쪽에 아들 子(자)와 위쪽에 긴 머리를 그려놓았습니다. 이는 아기의 성장 속도가 빠름을 표시한 것으로 '왕성하다', '번성하다'의 의미입니다. 인간의 두뇌 발달은 여섯 살 무렵까지 70~80% 정도 형성된다고 합니다. 이 때문에 성장기 아이에게 많이 보고 느끼고 듣도록 하는 게 중요합니다. 성장기에서 형성되는 인성이 중요한 까닭에 선인들은 '세 살 버릇 여든까지 간다'는 속담으로 우리를 일깨워주고 있습니다.

　'일어날 勃(발)' 자는 왕성할 孛(패)와 쟁기 모양인 力(력)의 조합으로, '활기가 넘치다'는 의미를 더욱 강조하기 위해 力(력)을 더했습니다. 어느 날 아기가 갑자기 우뚝 서면 모두 깜짝 놀랍니다. 이렇게 갑자기 사건이나 전쟁이 일어나는 것을 勃發(발발)이라고 합니다. 대조영이 세운 渤海(발해)의 渤(발)은 물이 위쪽에 머리카락처럼 피어나는 물안개를 나타냅니다.

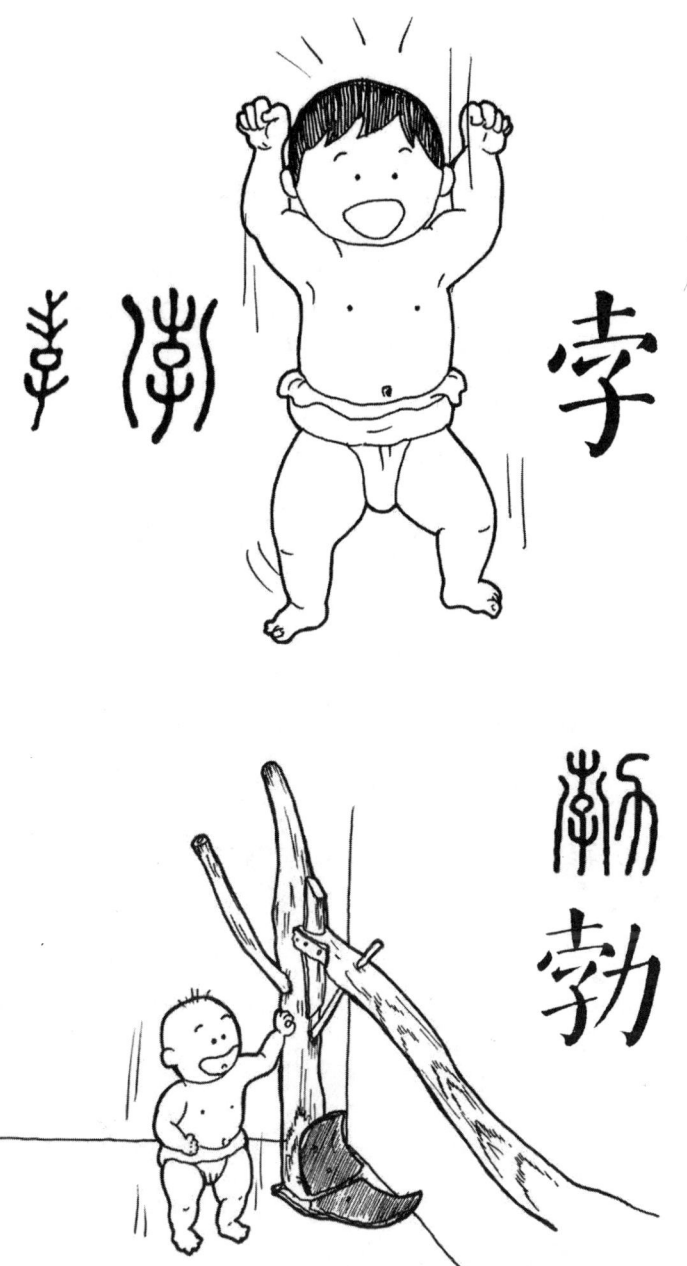

孛

勃

　'어그러질 悖(패)' 자는 왕성할 孛(패)와 마음 忄(심)의 조합으로, 서로 잘났다고 다투는 마음을 표현했습니다. 여기서 '어그러지다', '기준에 벗어나다'의 의미가 나왔습니다. 나이 든 어른을 존중해야 하는 윤리를 무시하고 본인이 어른 노릇하는 것을 悖倫(패륜)이라 하고, 버릇없는 행동을 하는 것을 行悖(행패)라 합니다.

　이 세상에 공짜는 없습니다. 悖入悖出(패입패출)이란 '땀 흘리지 않고 부정한 방법으로 얻은 재물은 쌓이지 않고 다시 나간다'는 지혜를 알려주고 있습니다.

索

‘동아줄 索(삭)’ 자는 왕성할 孛
(발)에서 아들 子(자)가 실 糸(사)
로 바뀐 것으로, 갑골문에는 孛
(발)의 경우처럼 위쪽에 몇 갈래의
실이 보입니다. 여러 줄기의 실을
꼬아서 노끈을 만드는 데서 의미
가 나왔습니다. 나중에 두 손을 추
가해서 의미를 더욱 확실하게 나
타냈으나, 현대 한자에서는 다시
생략되었습니다. 동아줄은 늘 사
용하는 것이 아니고 깊숙이 간직
해놓고 필요할 때만 찾아서 쓰는
데서 ‘찾는다’는 의미가 나왔으며,
읽을 때는 ‘색’이라 하여 사전에서
큰 줄기로 정리해놓은 찾아보기를
索引(색인)이라 합니다.

‘효도할 孝(효)’ 자는 위쪽에 머리가 긴 사람과 아들 子(자)
의 조합으로, 갑골문은 勃(발)과 유사하여 머리가 긴 모양을
나타냅니다. 머리가 긴 나이든 사람을 의미하며, 현대 한자로
오면서 허리가 굽은 모양까지 더해져 아들이 나이 든 어른을
부축하거나 업은 의미로 확대되었습니다. 孝誠(효성)을 다하
는 자식을 孝子(효자) 孝女(효녀)라 합니다.

'늙을 老(노)' 자는 머리가 긴 모양과 허리를 굽히고 지팡이를 짚고 있는 모양을 그렸습니다. 나이가 들어서 행동이 느려지면 머리손질을 제때 못하는 데에서 '늙다', '노련하다', '오래되다', '대접하다'의 의미가 나왔습니다. 나이가 들고 공이 많은 사람을 元老(원로)라 하고, 나이가 많고 덕이 많은 사람을 존칭해서 長老(장로)라 합니다.

　'생각할 考(고)' 자는 늙을 老(노)와 丂(교)의 조합입니다. 丂
(교)의 음이 '고'와 유사해서 소리 부분을 나타냅니다. 본래 老
(노)처럼 머리를 길게 풀어헤친 노인을 나타냈습니다. 그러나
나이 든 노인은 행동하기 전에 많은 생각을 한다는 데에서 '생
각하다', '깊이 헤아리다', '살피다', '참고하다'의 의미로 변했습
니다. 깊이 헤아리는 것을 考慮(고려)라 하고, 살펴서 도움이
될 만한 자료로 삼는 것을 參考(참고)라 합니다.

至孝(지효)

'지극한 효성'이란 뜻의 至孝(지효)는 '大孝(대효)'라고도 합니다. 曾子(증자)는 공자의 삼천 제자 중에서도 부모에 대한 효로 유명합니다. 공자의 수제자이기도 한 증자는 부지런히 배우고 익혀 『孝經(효경)』을 지었습니다. 다음의 逸話(일화)는 증자의 효에 대한 이야기들입니다.

증자가 참외밭을 매다 실수로 뿌리를 뽑았습니다. 증자의 아버지는 화가 나서 몽둥이로 증자를 때리자 증자는 까무러치고 말았습니다. 그러나 증자는 "너무 힘껏 訓戒(훈계)하셔서 혹 病患(병환)이나 나시지 않으셨습니까?"라며 웃는 얼굴로 아버지를 대하고는 거문고를 타면서 신나게 노래를 불렀다고 합니다. 이것을 들은 스승 공자는 증자를 '불효막심한 놈'이라고 야단쳤습니다. 왜냐하면 그러다 정말 죽기라도 한다면 그보다 더 큰 불효는 없기 때문이니까요.

또 齊(제)나라에서 증자의 학문과 경륜을 높이 사 초대했지만 증자는 늙은 父母(부모)를 모시고 있다면서 拒絶(거절)하기도 했습니다. 증자는 아내가 부모의 朝夕床(조석상)에 덜 익힌 나물을 올렸다는 이유로 아내를 내쫓았습니다. 그리고 평생 독신으로 지냈습니다. 이 이야기는 극단적인 例(예)라 하겠지만, 부모를 서로 모시지 않겠다고 하는 오늘날 풍조를 볼 때 示唆(시사)하는 바가 큽니다.

☑ 배운 한자 톺아보기

孝	성장이 빠른 아이

勃	悖	索	孝	老
考				

24
손으로 붙잡은 아이

'붙잡을 孚(부)' 자는 俘(부)의 본래 글자입니다. 아래쪽에 있는 아이를 손으로 붙잡고 있는 모양으로 '믿음직스럽다', '자라다'의 의미지만 단독으로 잘 사용하지 않습니다. 이와 조합하는 글씨를 이해하기 위해서 알아두어야 합니다.

 爪(조)는 위쪽에 놓이는 손 모양으로, '손으로 하는 행동'과 관련이 있습니다.

'뜰 浮(부)' 자는 물 氵(수)와 붙잡는 모양인 孚(부)의 조합입니다. 물에 빠진 아이를 손으로 머리채를 잡아올리는 모양에서 의미가 나왔습니다. 물 위로 떠오르는 것을 浮上(부상)이라 합니다. 참고로, 孵(부)는 어미 새가 알을 품는 모양으로, 품은 알에 발로 잡고 있는 의미로 앞쪽에 알 卵(난)을 더해 孵化(부화)

의 의미를 나타냈습니다. 어려운 한자도 자원을 통해 이해해나
가면 쉽게 익힐 수 있습니다.

　'젖 乳(유)' 자는 붙잡을 孚(부)와 유방 모양을 본 뜬 乙(을)의 조합입니다. 갑골문은 가슴의 유두와 아이를 안고 있는 모양으로, 젖을 먹이는 모습을 그렸습니다. 소의 젖을 牛乳(우유)라 하는데, 요즘은 사람들이 더 많이 이용하고 있습니다. 젖을 먹는 아기를 乳兒(유아)라 하지만 학교에 다니기 전의 아이는 幼兒(유아)라 하여 한자가 서로 다릅니다. 여기서 幼(유)는 어리다는 의미입니다. 위쪽에 손 모양을 제거한 구멍을 나타낸 孔(공)은 아이가 젖을 빨고 있는 구멍을 나타냈으나, 孔子(공자)의 성으로 사용하는 경우가 더 많습니다. 穿孔(천공)은 '구멍을 뚫는다'는 뜻입니다.

孔子穿珠(공자천주)

미국의 자동차 왕 헨리 포드(Henry Ford : 1863~1947)는 "배우기를 그친 사람은 스무 살이든 여든 살이든 늙은 것이다. 항상 배움의 끈을 놓지 않는 사람은 젊다. 삶에서 가장 위대한 일은 정신을 늘 젊게 유지하는 것"이라고 말했습니다. 그런 면에서 공자는 평생을 젊게 산 사람이라 할 수 있습니다. 공자는 15세에 학문에 뜻을 두었고[志于學], 30세에 학문의 기초를 완성하였으며[而立], 40세에는 어떤 유혹이 와도 흔들리지 않았고[不惑], 50세에는 천명을 알았으며[知天命], 60세에는 귀가 순해져 어떤 욕설을 들어도 마음이 담담하였고[耳順], 70세에는 마음먹은 대로 행동해도 도리에 어그러짐이 없었다[從心]고 합니다. 공자는 배울 것이 있으면 모든 이에게서 배웠습니다. 孔子穿珠(공자천주)는 이를 잘 나타내주는 이야기입니다.

공자가 진나라를 지나갈 때 어떤 사람에게 아홉 번이나 구부러진 구멍이 있는 구슬을 얻었는데, 아무리 애써도 실이 꿰어지지 않았습니다. 고민하던 공자는 가까이에서 뽕을 따던 한 아낙에게 다가가 그 방법을 물었습니다. 그러자 아낙은 "찬찬히 생각해보세요"라고 대답했습니다. 처음에는 의아했던 공자도 아낙의 말을 이내 알아차렸습니다. '찬찬히(密)'와 '꿀 밀(蜜)'은 발음이 같습니다. 농촌에서 일하는 아낙의 삶을 떠올린 공자는 개미 한 마리를 잡아 허리에 실을 매어 구멍에 넣었습니다. 그리고 반대편에는 꿀을 발라놓았습니다. 꿀 냄새를 맡고 구멍을 통과한 개미 덕분에 공자는 쉽게 실을 꿸 수 있었습니다. 여기에서 나온 말이 공자가 구슬을 꿰다(뚫다)는 공자천구입니다. 이처럼 공자는 가르치고 배우는 데 신분이나 나이를 따지지 않았습니다. 자기보다 못한 사람이라도 배워야 할 것이 있다고 생각했고, 배우는 것을 부끄러워하지 않았습니다. 자신의 마음먹기에 따라서 모든 것들이 자신의 스승이 될 수 있다고 믿었습니다. 그것이 바로 『논어』에 나오는, '세 사람이 길을 걸어가면 반드시 내 스승이 있다. 좋은 것은 본받고 나쁜 것은 살펴 스스로 고쳐야 한다'는 三人行必有我師焉 擇其善者而從之 其不善者而改之(삼인행

필유아사언 택기선자이종지 기불선자이개지)의 가르침입니다.

　공부는 하면 할수록 배울 것이 더 많아집니다. 이는 알면 알수록 모르는 것이 더 많아진다는 겁니다. 바빠서 책을 읽거나 공부하기가 힘들다는 이야기는 핑계일 뿐입니다. 인간은 죽어서도 배워야 하는 존재입니다. 그래서 제사를 지내는 神位(신위)에 쓰는 지방에도 '顯考學生府君神位(현고학생부군신위)'처럼 '학생'이라는 말이 들어갈 정도입니다. 물론 여기서의 학생은 살아서 벼슬하지 않은 사람에게 붙이는 호칭이지만, 달리 해석하면 사람은 죽어서까지도 공부해야 하는 학생이란 점을 의미한다고 볼 수 있습니다.

　아무리 바빠도 잠시 멈춰 자신의 삶과 세상과 자연을 돌아보는 것을 어떨까요? 제아무리 뛰어난 능력을 가진 사람이라 할지라도 늘 배우고 익히는 사람을 따라갈 수는 없습니다. 물이 바위를 뚫는 것은 그 힘이 아니라 끊임없는 지속성에 있습니다. 공자는 언제나 젊게 살았다고 할 수 있지만, 세상에 대한 호기심과 자연에 대한 호기심이 사라지는 순간의 정신은 늙고 죽은 것이라 할 수 있습니다. 정신이 죽으면 정말 죽은 것입니다. 도둑질 빼고는 모두 배우라는 우리의 속담, 배움의 대상을 구별하지 말라는 공자의 공자천주는 정신이 살아 있도록 만드는 가르침입니다.

☑ 배운 한자 톺아보기

	손으로 붙잡은 아이

浮	孵	乳	孔

※ 참고 문헌

■『한자자원 : 당대신설문해자(漢字字源 : 當代新說文解字)』, 두문우(竇文宇), 두용(竇勇) 지음, 길림문사출판사(吉林文史出版社), 2005.

■『상용한자도해(常用漢字圖解)』, 사광휘(謝光輝) 주편(主編), 항창귀(項昌貴) 등편(等編), 북경대 출판사, 1997.

■『세설한자(細說漢字)』, 좌안민(左安民) 지음, 구주출판사, 2006.

■『한자연변오백례(漢字演變五百例)』, 이악의(李樂毅) 지음, 북경어언문화대학출판사, 2000.

■『은허갑골문실용자전(殷墟甲骨文實用字典)』, 마여삼(馬如森) 지음, 상해대학출판사, 2008.

■『한자심근(漢字尋根)』, 오이인(吳頤人) 지음, 상해인민출판사, 2009.

■『중정형음의종합대자전(中正形音義綜合大字典)』, 고수번(高樹藩) 지음, 중정서국, 1981.

■『중국고대사회(中國古代社會)』, 허진웅(許進雄) 지음, 홍희(洪熹) 옮김, 동문선, 1998.

却	脚	卻	姦	坎	介	皆	巾	犬	卿
각	각	각	간	감	개	개	건	견	경
120	120	129	203	105	27	176	95	31	154
界	階	姑	考	昆	乖	交	校	絞	較
계	계	고	고	곤	괴	교	교	교	교
28	178	208	254	178	170	79	81	83	83
郊	局	屈	菫	及	級	急	欺	其	棄
교	국	굴	근	급	급	급	기	기	기
85	97	96	108	133	134	136	109	109	240
老	尿	大	盜	毒	拉	留	劉	溜	流
노	뇨	대	도	독	랍	류	류	류	류
253	91	33	116	217	63	155	157	156	234
吝	立	粒	笠	娩	晚	每	梅	孟	免
린	립	립	립	만	만	매	매	맹	면
71	55	60	61	148	149	216	224	243	147
勉	宀	皿	毛	母	侮	卯	妙	貿	文
면	면	명	모	모	모	묘	묘	무	문
150	200	116	90	215	221	152	197	154	66

紋	蚊	紊	門	米	尾	憫	閔	敏	斑
문	문	문	문	미	미	민	민	민	반
68	68	70	73	60	90	74	73	222	72
勃	背	繁	竝	幷	保	伏	攵	夫	扶
발	배	번	병	병	보	복	복	부	부
248	168	223	58	59	29	30	84	38	39
阜	孚	孵	浮	北	批	比	糸	朔	索
부	부	부	부	북	비	비	사	삭	삭
137	256	256	256	168	175	174	68	36	251
色	恕	笑	少	疏	梳	刷	扌	氵	戌
색	서	소	소	소	소	쇄	수	수	술
131	199	46	197	235	236	95	39	57	212
乘	尸	屎	始	食	辛	忄	氏	兒	握
승	시	시	시	식	신	심	씨	아	악
171	87	92	209	107	72	219	124	140	94
安	案	歹	央	殃	卬	仰	毒	厄	抑
안	안	알	앙	앙	앙	앙	애	액	억
210	211	51	50	51	161	163	217	139	164
厂	女	如	逆	亦	宴	艶	映	英	迎
엄	여	여	역	역	연	염	영	영	영
139	195	198	95	42	200	131	52	52	162
嬰	纓	吳	娛	誤	沃	屋	訛	完	夭
영	영	오	오	오	옥	옥	와	완	요
206	207	47	48	48	44	93	186	142	43

妖	慾	欲	又	元	院	月	位	危	委
요	욕	욕	우	원	원	월	위	위	위
44	110	110	134	141	143	76	62	138	202
威	柳	乳	育	允	飮	泣	邑	人	仁
위	유	유	육	윤	음	읍	읍	인	인
112	158	258	237	146	107	56	85	23	26
儿	印	資	姿	恣	子	字	低	底	展
인	인	자	자	자	자	자	저	저	전
130	165	114	115	115	242	245	126	124	98
節	卩	絶	正	爪	從	坐	座	挫	竹
절	절	절	정	조	종	좌	좌	좌	죽
118	118	132	82	256	191	188	188	190	61
衆	卽	至	次	辶	妻	悽	尺	天	替
중	즉	지	차	착	처	처	척	천	체
192	122	93	112	36	204	205	89	41	40
出	虫	充	吹	炊	歎	台	統	巴	貝
출	충	충	취	취	탄	태	통	파	패
96	68	238	103	104	108	209	239	131	114
孛	悖	包	勹	抱	胞	飽	疋	陷	偕
패	패	포	포	포	포	포	필	함	해
248	250	227	227	229	229	230	235	137	177
海	兄	好	婚	昏	混	化	花	貨	況
해	형	호	혼	혼	혼	화	화	화	황
218	144	244	128	127	180	183	185	185	145

悔	誨	效	孝	休	凶	兇	胸	欠	皀
회	회	효	효	휴	흉	흉	흉	흠	흠
219	220	84	252	25	74	75	76	101	122

吸
흠
135

✱ 필자 소개

이수석

성균관대 철학과와 한국교원대 교육대학원 철학교육을 졸업했다. 1990년부터 인천동산고에서 철학과 논리학을 가르치고 있다. 『재미있는 철학 수업(1·2)』, 『논리와 생각 시리즈』, 『교과서를 만든 철학자들』, 『이야기 속에 숨어 있는 논리를 찾아라』, 『한자 속에 숨어 있는 논술』, 『재미있는 철학 이야기』, 『중학생을 위한 논술의 첫걸음』, 『만화 중용—서울대 선정 인문고전 50선 28』 등을 썼다.
- 카페 http://cafe.daum.net/sudol02
- 이메일 sudol02@hanmail.net

현희문

단국대 한문교육과를 졸업한 뒤 1984년부터 한문 교사로 지내고 있다. 1991년에 동아미술제 서예 부문에서 특선을 수상하였으며, 『한자 속에 숨어 있는 논술』을 펴냈다.
- 미니홈피 http://www.cyworld.com/anjae98
- 트위터 http://twtkr.com/anjae98
- 이메일 anjae98@naver.com

현용안

인하대 미술교육과를 졸업한 뒤 2004년부터 인천동산고에서 미술 교사로 지내고 있다. 『황해미술』 편집위원으로 활동하면서, 황해미술제와 천하대전, 판단중지전, 하이브전, 신진작가초대전, 남성비웃날레 등의 각종 전시회를 열었다.
- 홈페이지 www.lieline.co.kr
- 이메일 lieline2@naver.com

소셜 한자 네트워크 1
· ·
초판 1쇄 인쇄 / 2011년 2월 10일
초판 1쇄 발행 / 2011년 2월 15일
■

글쓴이 / 이수석 · 현희문
그린이 / 현용안
펴낸이 / 전춘호
펴낸곳 / 철학과현실사
서울특별시 종로구 동숭동 1 - 45
전화 02 - 579 - 5908~9
■

등록일자 / 1987년 12월 15일(등록번호 제1- 583호)
■

ISBN 978-89-7775-738-7 43100
*지은이들과의 협의에 따라 인지를 생략합니다.
*잘못된 책은 바꾸어 드립니다.
값 12,000원